New Collection 24

중학교 영어로 다시 읽는 세계명작

신약

넥서스콘텐츠개발팀 엮음

넥서스

중학교 영어로 다시 읽는 세계명작
New Collection 24
신약

엮은이 넥서스콘텐츠개발팀
펴낸이 안용백
펴낸곳 (주)넥서스

초판 1쇄 인쇄 2013년 3월 25일
초판 1쇄 발행 2013년 3월 30일

출판신고 1992년 4월 3일 제311-2002-2호
121-840 서울시 마포구 서교동 394-2
Tel (02)330-5500 Fax (02)330-5555

ISBN 978-89-6790-013-7 14740
 978-89-5797-467-4 14740 (세트)

저자와 출판사의 허락 없이 내용의 일부를
인용하거나 발췌하는 것을 금합니다.

가격은 뒤표지에 있습니다.
잘못 만들어진 책은 구입처에서 바꾸어 드립니다.

www.nexusbook.com

머 리 말

어릴 적 즐겨 읽었던 『이상한 나라의 앨리스』나 『작은 아씨들』을 이제 영어로 만나 보세요. 지난날 우리들을 설레게 했던 명작들을 영어로 읽어봄으로써, 우리말로는 느끼지 못했던 또 다른 재미와 감동을 느낄 수 있습니다. 또한 친숙한 이야기를 영어로 바꿔 읽는 것은 그 어느 학습 자료보다도 효과적입니다. 자신이 알고 있는 이야기를 떠올리며 앞으로 전개될 내용을 상상하며 읽어 나가면, 낯선 내용을 읽을 때만큼 어렵거나 부담스럽지 않기 때문입니다.

『중학교·고등학교 영어로 다시 읽는 세계명작 시리즈 New Collection』은 기존에 나와 있는 명작 시리즈와는 달리, 소설책을 읽듯 추억과 감동에 빠져들 수 있도록 원서의 느낌을 최대한 살렸습니다. 또한, 영한 대역 스타일을 탈피하여 우리말 번역을 권말에 배치함으로써 독자 여러분이 스스로 이야기를 이해하는 연습을 할 수 있도록 하였습니다. 더불어 원어민 성우들이 정확한 발음과 풍부한 감성으로 녹음한 MP3 파일은 눈과 귀로 벅찬 감동을 동시에 경험하며, 최대의 학습 효과를 얻을 수 있도록 제작되었습니다.

'순수하고 가슴 뭉클한 그 무엇'이 절실한 요즘, 주옥같은 세계명작을 다시금 읽으며 잠시나마 마음의 여유를 갖고 영어소설이 주는 감동에 빠져 보세요.

넥서스콘텐츠개발팀

이 시리즈의 특징

1 읽기 쉬운 영어로 Rewriting
한국인이 가장 좋아하는 세계명작만을 엄선하여, 원문을 최대한 살리면서 중고등학교 수준의 쉬운 영어로 각색하였다. 『중학교 영어로 다시 읽는 세계명작 시리즈 New Collection』은 1,000단어, 『고등학교 영어로 다시 읽는 세계명작 시리즈 New Collection』은 2,000단어 수준으로 각색하고, 어려운 어휘는 별도로 설명하여 사전 없이도 읽을 수 있다.

2 학습 효과를 배가시키는 Summary
각 STORY 및 SCENE이 시작될 때마다 우리말 요약을 제시하여 내용을 추측하면서 읽을 수 있기 때문에, 원서의 부담을 덜면서 더 큰 학습 효과를 얻을 수 있다.

3 학습용 MP3 파일
전문 원어민 성우들의 실감나는 연기가 담긴 MP3 파일을 들으면서, 읽기와 함께 듣기 및 말하기까지 연습할 수 있다.

4 독자를 고려한 최적의 디자인
한 손에 쏙 들어오는 판형, 읽기 편한 서체와 크기 등 독자가 언제 어디서나 오랜 시간 즐겁게 읽을 수 있도록 최상의 편집 체제와 세련된 디자인으로 가독성을 높였다.

추 천 리 딩 가 이 드

step 1 **청해** 들으면서 의미 추측하기

책을 읽기에 앞서 MP3 파일을 들으며 이야기의 내용을 추측해 본다.

step 2 **속독** 빨리 읽으면서 의미 추측하기

STORY 및 SCENE의 영문 제목과 우리말 요약을 읽은 다음, 본문을 읽으면서 혼자 힘으로 뜻을 파악해 본다. 모르는 단어나 문장이 나와도 멈추지 말고 전체적인 흐름을 파악하는 데 주력한다.

step 3 **정독** 정확히 읽으면서 의미 파악하기

어구 풀이와 권말 번역을 참고하면서 정확한 의미를 파악한다.

step 4 **낭독** 소리 내어 읽으면서 소리와 친해지기

단어와 단어가 연결될 때 나타나는 발음 현상과 속도 등에 유의하면서 큰 소리로 또박또박 읽어 본다.

step 5 **섀도잉** 따라 말하면서 회화 연습하기

MP3 파일을 들으며 원어민의 말을 한 박자 늦게 돌림노래 부르듯 따라 말하면서, 속도감과 발음 등 회화에 효과적인 훈련을 한다.

이 시리즈의 구성

우리말 Summary

이야기를 읽기 전에 내용을 짐작해 봄으로써, 편안한 마음으로 읽을 수 있도록 우리말 요약문을 제시하였다. 이를 힌트 삼아 보다 효과적인 내용 이해가 가능할 것이다.

영문

부담스러워 보이지 않고 편안하게 술술 읽히도록 서체와 크기, 간격 등을 최적의 체제로 편집하였다.

어구 풀이

이야기를 이해하는 데 도움이 되도록 어려운 어구를 순서대로 정리하였다. 이야기에 사용되는 의미를 우선순위로 하였으나, 2차적 의미가 중요하거나 불규칙 활용을 하는 경우도 함께 다뤄주어, 보다 풍부한 어구 학습이 되도록 배려하였다.

The Tortoise and the Ducks

세상을 구경하고 싶어 하던 거북은
어느 날 오리들의 도움으로 하늘을 날게 된다.

The Tortoise's* shell* is his house. He has to carry it on his back* all the time, so he can never leave home. This was a punishment* from Zeus for being lazy,* because he refused* to go to Zeus's wedding.

The Tortoise became very sad when

---

he saw other animals move about* freely and swiftly.* He wanted to see the world like they did, but the house on his back and his short legs made it impossible.

One day the Tortoise told two ducks his sad story.

"We can help you to see the world," said the Ducks. "Bite* down hard on this stick with your mouth, and we will fly you high up in the sky so that you can see the world. No matter what* happens,* do not speak. Or you'll regret* it very badly.*"

The Tortoise was very pleased.* He bit down on the stick as hard as he could, and the Ducks took hold of*

tortoise 거북 shell 껍질, 껍데기 back 등 punishment 벌, 처벌 lazy 게으른 refuse 거절하다, 거부하다 move about 돌아다니다 swiftly 빠르게 bite 깨물다, 물다 no matter what ~ 무엇이 ~ 일지라도 happen 일어나다, 벌어지다 regret 후회하다 badly 몹시, 심하게 pleased 기쁜 take hold of ~ ~을 잡다, 쥐다, 들다

우리말 번역

문장 구성과 어구의 쓰임을 효율적으로 학습할 수 있도록 직역을 기본으로 하여 번역하였다. 가능하면 번역에 의존하지 말고 영문과 어구만으로 이야기를 이해하도록 하며, 번역은 참고만 하도록 한다.

페이지 표시

영문을 읽다가 해결되지 않는 부분이 있을 때 그에 대응하는 번역 부분을 손쉽게 찾을 수 있도록 해당 영문 페이지의 번호를 표시해 놓았다.

MP3 파일
www.nexusbook.com에서 다운로드

전문 원어민 성우들의 생생한 연기를 귀로 들으며, 바로 옆에서 누군가가 동화책을 읽어주는 것처럼 더욱 흥미롭고 효과적으로 학습할 수 있다.

작품 소개

구약성경이 하나님의 천지창조에서부터 예수의 탄생 이전 상황을 다루고 있는 반면, 신약성경은 예수의 탄생에서부터 그의 죽음과 사흘 후의 부활, 그리고 그 후 사도들의 전도 행적에 관한 내용을 다루고 있다.

신약성경은 예수의 탄생에서부터 그의 부활까지의 내용을 자세히 적은 4권의 복음서와 사도들의 활동을 적은 사도행전, 바울 및 다른 사도들이 여러 도시에 흩어져 예수를 믿는 교회들에 보낸 편지, 그리고 종말에 대한 사도 요한의 예언서인 묵시록을 한데 모아 놓은 것이다.

신약성경의 4권의 복음서는 마태복음, 마가복음, 요한복음, 누가복음이고, 사도행전은 예수의 일부 제자들의 전도 행각을 다루고 있다. 그 외에 베드로, 요한, 야고보, 유다 등 여러 사도들의 편지글이 실려 있고 마지막에는 예수의 재림을 암시하는 예언서인 요한계시록이 실려 있다.

신약성경은 한마디로 구약성경에서 약속되어 있던 구세주 예수의 강림과 그의 행적을 기록한 것이다. 그의 행적은 예수를 배신한 가룟 유다를 제외한 열한 명의 제자들 중 일부가 복음을 전파하는 과정에서 나온 기록물을 통해 자세히 알 수 있다.

신약성경을 중요하게 보는 이유는 하나님이 인류에게 약속했던 구세주가 예수였다는 증거를 엿볼 수 있다는 점이다. 예수가 동정녀에게서 잉태되었다는 사실, 그가 탄생할 무렵 나타났던 여러 가지 전조 현상, 그리고 그가 생전에 펼쳤던 온갖 기적, 그리고 가장 중요한 그의 부활이 그 내용을 구체적으로 뒷받침하고 있다.

사상적인 면에서 신약성경을 살펴보면 예수가 기존의 유대민족 지향적인 유대교에서 이를 어떻게 변모시켰는지를 알 수 있다. 즉, 신약성경의 내용을 바탕으로 기독교가 사랑과 만민의 구원을 강조하며 민족을 초월한 세계적인 종교로 발전할 수 있었던 경위를 알 수 있는 것이다.

이 책에서 다루고 있는 이야기들은 기독교 신앙 유무와 상관없이 모든 이들이 신약성경의 주요 내용을 알기 쉽도록 각색해 놓은 것이다. 어떤 종교를 믿느냐에 따라 받아들이는 범위의 차이가 있을 수는 있겠지만, 예수라는 인물의 생애와 행적이 범상치 않았다는 점은 아무도 부인하지 못할 것이다.

Contents

Chapter 01	**The Advent of the Angels** 천사들의 출현	16
Chapter 02	**Following the Star** 별을 따라가다	24
Chapter 03	**The Flight into Egypt** 애굽으로의 탈출	29
Chapter 04	**The Boy of Nazareth** 나사렛의 소년	32
Chapter 05	**The Young Carpenter** 어린 목수	39
Chapter 06	**The Voice in the Wilderness** 광야의 목소리	43
Chapter 07	**Jesus in the Desert** 사막의 예수	48
Chapter 08	**The First Disciples** 첫 번째 제자들	53
Chapter 09	**The First Miracle** 첫 번째 기적	57
Chapter 10	**In His Father's House** 아버지의 집에서	60
Chapter 11	**A Talk about the Breath of God** 하나님의 숨결에 관한 담화	64
Chapter 12	**A Talk about the Water of Life** 생명수에 관한 담화	68

Chapter 13	Jesus in the Synagogue 회당 안의 예수	73
Chapter 14	Among the Fishermen 어부들 사이에서	79
Chapter 15	The Healing Hand of Jesus 병을 낫게 하는 예수의 손	82
Chapter 16	Following Jesus 예수를 따르다	85
Chapter 17	Friends of Jesus 예수의 친구들	91
Chapter 18	The Lord of Life 생명의 주님	97
Chapter 19	Mary Magdalene 막달라 마리아	101
Chapter 20	Stories Told by the Lake 갈릴리 호숫가에서 들려준 이야기	106
Chapter 21	Stilling the Storm 폭풍을 잠재우다	111
Chapter 22	Called Back 다시 부름을 받다	115
Chapter 23	Two by Two 두 명씩 짝짓다	119
Chapter 24	Walking the Waves / the Two Kingdoms 파도 위를 걷다 / 두 개의 왕국	128

| Chapter 25 | A Journey with Jesus | 134 |

예수와 함께 한 여행

| Chapter 26 | The Christian Sabbath / Peter's Confession of Faith | 137 |

기독교 안식일 / 베드로의 신앙 고백

| Chapter 27 | "And We Behold His Glory" / A Father's Faith | 145 |

"그리고 우리는 예수의 영광을 본다" / 어느 아버지의 믿음

| Chapter 28 | The Lord and the Little Ones / Leaving Galilee | 149 |

예수와 어린이들 / 갈릴리를 떠나다

| Chapter 29 | At the House of Martha / The Good Shepherd | 154 |

마르다의 집에서 / 선한 목자

| Chapter 30 | The Lesson Stories of Jesus | 160 |

예수가 해 준 교훈이 담긴 이야기

| Chapter 31 | The Voice That Waked the Dead / The Children of the Kingdom | 166 |

죽은 사람을 깨운 목소리 / 하나님 왕국의 자녀들

| Chapter 32 | The Young Man That Jesus Loved | 171 |

예수가 사랑한 청년

| Chapter 33 | The Last Journey to Jerusalem | 174 |

예루살렘으로 가는 마지막 여행

| Chapter 34 | The Prince of Peace | 179 |

평화의 왕자

| Chapter 35 | The Children in the Temple | 182 |

성전 안의 자녀들

Chapter 36	The Last Day in the Temple 성전에서 보낸 마지막 하루	184
Chapter 37	The Last Words in the Temple 성전에서 하신 마지막 말씀	187
Chapter 38	An Evening on the Mount of Olives 감람산 위에서 보낸 저녁	191
Chapter 39	The Holy Supper 거룩한 만찬	196
Chapter 40	The Night of the Betrayal 배신의 밤	204
Chapter 41	Despised and Rejected by Men 사람들로부터 경멸 받고 거부당하다	207
Chapter 42	The King of Heaven at the Bar of Pilate 빌라도의 법정에 선 하늘나라의 왕	211
Chapter 43	Love and Death 사랑과 죽음	216
Chapter 44	Love and Life 사랑과 생명	220
Chapter 45	The Evening of Easter 부활절 저녁	225
Chapter 46	The Lord's Last Days with His Disciples 제자들과 함께 보낸 예수의 마지막 날들	229
Chapter 47	"He Ascended into Heaven" "예수, 하늘나라로 올라가다"	233
Chapter 48	The Promise of the Father 하나님 아버지의 약속	236

New Testament

Chapter 01

The Advent* of the Angels

사가랴라는 늙은 제사장에게 천사 가브리엘이 나타나
구세주가 올 길을 닦을 임무를 맡은 요한의 탄생을 예언한다.
천사 가브리엘은 또한 마리아에게 예수의 잉태를 알린다.

There was an old priest* named Zachariah, who lived in the hill country of Hebron, where Abraham the father of the Jewish people used to live. He went to Jerusalem. When he prayed at the Temple,* he saw an angel standing in smoke. The good priest was frightened.*

"Do not be afraid," said the angel, and he promised* that he and his wife Elizabeth would have a baby named John. He was coming to prepare the way for* the Messiah.*

It was too wonderful for Zachariah to believe, and when he went out of the Temple he could not speak. The people realized that he had a vision* from God.

A few months later, the angel Gabriel went to the little town of Nazareth, high up among the hills of Galilee, and spoke to a young girl named Mary. She had never seen an angel, and she also was afraid.*

"Mary, you are blessed by God," he told her. "He likes you best of all the women in the world." And then he told her that she should become the mother of the Son of

---

advent 도래, 출현 **priest** 제사장, 성직자 **temple** 사원, 성전 **frightened** 깜짝 놀란, 겁먹은 **promise** 약속하다 **prepare the way for** ~의 길을 닦다 **the Messiah** 구세주, 그리스도 **vision** 계시, 환영 **afraid** 두려운

God. His name would be Jesus.

"I am a servant* of God," she answered. "I will do anything for Him."

The angel went away into Heaven.*

Mary was so full of wonder* at the angel's words that she went to see her cousin, Elizabeth. Mary went through the green valleys* and fruitful* plains,* and along by the Jordan River. She prayed to God to make her good and wise. She was not afraid, though the journey* was four days long, for she knew God was with her.

On the fourth day, she passed* Jerusalem, the Holy City, and went on and up into the Hebron Hills to the house of Elizabeth. When they told each other the wonderful words of the angel Gabriel, they were full of joy.

Mary stayed three months with her cousin Elizabeth, and learned many things, for the old priest and his wife were wise and good. When she went back to Nazareth, she told no one of her vision, not even her mother or Joseph, the good carpenter.* He was promised to be her husband. But the angel came one night to Joseph and spoke to him. He told him about Jesus.

Now Joseph and Mary were of the family of King David, and they knew that a new king was promised to come. And though the Jews had become the servants of the Romans, the new King, Jesus, would free them.

The Roman emperor* had said that all the Jews must go to their hometown to be counted. He wanted to know how many Jews were in his empire.* So, Mary and Joseph had to go to Bethlehem.

---

servant 종, 하인 **heaven** 하늘나라, 천국 **wonder** 놀라움, 경이; 궁금하게 여기다 **valley** 골짜기 **fruitful** 비옥한 **plain** 평야 **journey** 여정, 여행 **pass** 통과하다, 지나가다 **carpenter** 목수 **emperor** 황제 **empire** 제국

When Joseph and Mary came to Bethlehem, they found it full of people who had also come home to write their names for the emperor, and there was no room for them in the inn.* It was winter, so the innkeeper* did not want to leave Joseph and Mary outside. He let them stay in the stable* with the donkeys* and oxen.*

It was here in the humble* stable that the Lord* of Heaven was born. He chose the stable instead of* a palace* because he had come to help the poor and save* the Earth.*

Out in the fields nearby* were some shepherds* watching their flocks.* On this cold night, they sat wrapped* in blankets* and watched the stars.

But suddenly* an angel stood by them, and a great light shone, and they were terrified.*

"Do not be afraid!" said the angel. "In

the city of David, the Son of God has just been born." And the angel told them that they would find the baby born in a stable. They sang praises to* God, and the angel went away into heaven.

"Let us go to Bethlehem," the shepherds said to one another.* And they went quickly. There, they found Mary and Joseph with the Holy Child in the stable, just as the angel had said. They told the people of Bethlehem about the angels they had seen and the words they had heard, and they were very much astonished.* But Mary was silent.* She wanted to pray quietly.

When the Holy Child was eight days old, His parents called Him Jesus. Later,

---

inn 여관 innkeeper 여관 주인 stable 마구간 donkey 나귀 ox 황소
humble 누추한 lord 왕, 주인 instead of ~ 대신 palace 궁전, 왕궁
save 구하다 the Earth 세상 nearby 근처에 shepherd 양치기, 목자
flock 양 떼 wrap 두르다, 감싸다 blanket 이불, 담요 suddenly 갑자기
terrified 겁먹은 sing praises to ~을 찬양하며 노래하다 one another
서로 astonished 놀란 silent 고요한

they took Him up to the Temple at Jerusalem to make the offering* that all Jewish mothers made. If it was the first boy-child, they had to give, with some money, a lamb or a pair of doves. Joseph bought Mary a pair of doves, and they went up the white steps of the beautiful porch* of the Temple.

Mary gave her doves to the priest at the gate of the Court of the Women, while Joseph took the Holy Child into the Men's Court* for the priest to bless.* When all was done and they were going away, an old man named Simeon saw them. He begged to hold the Child. He was a good man who had longed to* see the Son of God.

"Lord, I can die in peace,*" said Simeon.

Then a very old woman who lived in the Temple, Anna, the prophetess,* came and gave thanks to God. She told the people that the Son of God had come to Israel.

Mary was quiet, and she wondered why she had been chosen* to be the mother of the Holy Child.

Seven months before this time, a little son had been born to Zachariah and Elizabeth. The neighbors* wished to name him for his father, but Elizabeth wanted to name him John. "His name shall be called John," Zachariah, who still could not speak, wrote on a paper. Then his mouth was opened, and he began to speak and to praise God. People wondered who John would become.

John grew, and while he was young, he went to live in the deserts* where he was taught about God and to be a prophet* and a preacher.*

---

offering 헌납, 봉헌 **porch** 현관, 출입구 **court** 안뜰, 마당 **bless** 축복하다
long to ~을 열망하다, 소원하다 **in peace** 평화롭게, 평온히 **prophetess**
여자 선지자 **choose** 고르다, 선택하다 **neighbor** 이웃 사람 **desert** 사막
prophet 예언자, 선지자 **preacher** 전도자, 설교가

Chapter 02

Following the Star

동방 박사 세 사람이 아름다운 별을 따라 신성한 아이를 찾아온다.
박사들은 아기 예수에게 경배를 하고 선물을 바쳐 탄생을 축복한다.
이들은 헤롯 왕이 아기 예수를 해치려고 한다는 계시를 받고
헤롯 왕을 피해 동방의 나라로 돌아간다.

While Joseph and Mary and the Holy Child were still staying in Bethlehem, some wise men came from an Eastern country to Jerusalem.

No one knows who these men were, but it may be that they were Jews who lived in Persia. They may have studied* the stars.

These wise men were called Magi. They had heard that a great One would be born about this time, and that He would be the King of the Jews.

When they saw a strange and beautiful Star near, they prepared to go and see if it would lead them to the King. Their servants loaded the camels with* food and water and some expensive* gifts, because they were rich men.

They had deserts of yellow sand to cross, and they were tired at the end of the hot day. At night, they saw the beautiful Star shining low in the sky. They followed it before it faded* in the morning.

They were glad when they came to the fresh green mountain country of the Jews. Perhaps* they expected to hear all about the new King, and to find the people

---

study 연구하다 load A with B B를 A에 싣다 expensive 비싼 fade 사라지다, 희미해지다 perhaps 아마도

celebrating,* but no one was celebrating.

"Where is the King of the Jews?" they asked, and the people were surprised.* They wondered who these men were. They looked like rich princes!

They searched Jerusalem for the King, and Herod, the king, heard about them and was troubled.* He wished always to be King. He sent his men to learn about this King. He learned that the Jews believed that a King would come to rule over* them.

Then the king made the wise men come to the palace, for he had a secret plan. They hoped to find the newly born King in the beautiful palace of Herod on Mount Zion. However, they found only the gloomy* old King Herod waiting for them. He asked them about the Star and what they were doing.

"Go and search for* the young Child,

and when you have found Him, tell me," he told them. "I also want to worship* Him."

They were very glad to hear about Bethlehem. As they left the palace, they saw the Star shining. It was shining over a small house in the distance. Then they were filled with great joy, for they had come to the end of their long journey, and they had found the King!

When they came to the house where Mary and Joseph were staying, they told their servants to unpack* the presents, and they went in. Then they found the lovely* young mother and the Holy Child. They bowed* before Him and offered* their gifts.

They did not go away at once.* They

---

celebrate 축하하다 **surprised** 놀란 **troubled** 근심이 되는, 피로운 **rule over** ~을 통치하다, 다스리다 **gloomy** 우울한, 침울한 **search for** ~을 찾다 **worship** 경배하다, 섬기다 **unpack** 짐을 풀다 **lovely** 아름다운, 어여쁜 **bow** 절하다 **offer** 제공하다, 주다 **at once** 즉시, 당장

slept in Bethlehem that night, and the Lord showed them in a dream that they must not go back to tell King Herod that they had found Jesus. They told Joseph of their dream, and they left the next morning.

Chapter 03

The Flight* into Egypt

요셉은 가족을 데리고 애굽으로 피하라는 계시를 받는다.
헤롯 왕은 현자들이 자신을 속이고 달아난 것을 알고 분노하여
베들레헴에 사는 두 살 이하의 유대 인 아기들을 전부 죽인다.

A few hours after the wise men left, Mary and Joseph had to follow the same road. Joseph was warned* in a dream to take the young Child and His mother and go into Egypt. He was told to stay until he

---

flight 탈출, 도피 **warn** (강력히) 충고하다, 경고하다

was told to return,* for Herod wanted to kill Jesus.

As they traveled by night, Mary's heart beat* quickly. She held Jesus tightly.* They did not rest until they were far away. A week later, they arrived at the Nile River that was Egypt's border.* After they crossed* the border, Herod's soldiers could not follow them.

They had gold that the wise men had given them, and Joseph knew how to make many things of wood, so they lived quietly in Egypt, waiting.

Herod was very angry when he heard that the Magi had gone away without telling him anything about the young King. He was so angry that he ordered* his soldiers to destroy* every baby boy in Bethlehem. So, all the little boys of Bethlehem under two years of age were killed. But Jesus was safe in Egypt.

They lived in Egypt for about a year, and then the sick and unhappy King Herod died. An angel came to Joseph one night in a dream and told him to return to Israel.

They were glad to know that they could come home again. Joseph wanted to go Judea, the part of the land of Israel in which there is Jerusalem and Bethlehem, the city of his ancestors,* but Herod's son had been made king over Judea. So, Joseph was told in a dream to go into Galilee.

In Galilee was Nazareth, where both Joseph and Mary used to live.

---

return 돌아가다 **beat** 박동하다, 치다 **tightly** 단단히, 꼭 **border** 경계, 국경
cross 건너다 **order** 명령하다 **destroy** 죽이다 **ancestor** 조상

Chapter 04

The Boy of Nazareth

요셉과 마리아는 헤롯 왕이 죽은 후 나사렛으로 돌아간다.
예수가 열두 살 때 요셉은 그를 예루살렘의 유월절 축제에 데리고 간다.
마리아는 성전에서 예수가 나이 든 랍비들과 함께
토론하는 광경을 목격한다.

Nazareth was a little town high among the hills of Galilee. It still stands there, but it is not as large as it was when Jesus lived there. Then Galilee was full of cities and villages,* and men and women were busy among its fields and gardens. The shores* of the beautiful Lake of Galilee were lined with the boats of fishermen.*

Nazareth was quieter than the crowded* cities by the Lake. Its streets were narrow* and steep,* and steps of stone went from house to house. The women used to meet together at the fountain* of water. From the fountain, they carried pitchers* of water on their heads.

Mary often took Jesus here to play in the flowers. When He grew a little older, He could climb the rocks around His home, or go with His mother and father to the top of the hill. He watched the camels and merchants* travel to other lands.

Sometimes He would go with Joseph to the woods to help him get wood. In the white stone room, He watched Joseph make many things out of wood. As He

---

village 마을 **shore** 해안, 물가 **fisherman** 어부 **crowded** 북적이는
narrow 좁은 **steep** 가파른 **fountain** 분수, 샘 **pitcher** 주전자, 물동이
merchant 상인

grew older, He helped His father make things.

He learned to read and write while a young child at home, as Jewish children did. Then He went to school at the synagogue, which was the Jews' church. He was a gentle* and unselfish* child. While He read, He may have wondered about the future King.

When He was twelve years old, His parents took Him with them to the Feast of the Passover* at Jerusalem. The journey to Jerusalem was a festival, for their friends joined the company* from almost every house in Nazareth.

On horses, and camels, and donkeys, or by walking, a happy group left from home to celebrate the Passover week in the city of Jerusalem. It was the first visit of the boy Jesus to Jerusalem, and He, strong and beautiful, walked beside Joseph.

Mary wondered what her Son was thinking. He was going to the city of His God, where He would one day be King.

When they reached the great public* roads, they found other pilgrims* going up to the Holy City, and by their banners* they knew the tribe* and city from which they came. The people played and sang music throughout* the journey.

When they had climbed the steep Jericho road and the Mount of Olives, they saw beautiful Jerusalem, shining in the sun. Its thick walls had many towers.* Its marble* palaces, castles, and gardens, and, most wonderful of all, the Temple were beautiful. The sunlight* shone like fire on the Temple's roof of gold. The people shouted* and sang a song of joy.

---

gentle 상냥한, 점잖은 unselfish 이타적인, 남을 배려하는 Passover 유월절
company 동행, 친구 public 공중의, 공공의 pilgrim 순례자 banner 깃발, 현수막 tribe 부족 throughout ~ 내내 tower 탑 marble 대리석
sunlight 햇살 shout 소리치다

Like thousands of others, they set up their tents outside of the walls. After eating the Passover supper together, they went into the Temple.

Jesus must have loved the Temple. Other boys loved to watch the strange people from far countries, and wander* among the markets, but Jesus stayed in the Temple. He saw the white-robed* priests, the altars,* and the sacrifices.*

He saw the great curtains of purple* and gold, and He heard the Temple choirs* answer each other in song. He also saw the old Rabbis* who taught and answered questions daily.*

When the company from Nazareth began the journey home, Mary looked for her Boy. She had not been worried about Him, for she thought He was walking with the other children, or with relatives.*

However, when Joseph found that

He was not with them, they went back over the long, steep road full of fear* and anxiety.* They searched* Jerusalem, asking everybody they knew if they had seen the boy Jesus.

When they had been searching for three days, and Mary's heart was almost broken, they went again to the Temple in a crowd gathered around the Rabbis. He was speaking. She listened, and her heart must have stopped when she heard His simple yet wonderful words.

Sometimes He asked questions, which the old teachers could not answer. His wisdom astonished* all who heard Him. It was not like the wisdom of the Rabbis, who used many words to explain* the Word of God.

---

wander 거닐다, 돌아다니다 **robe** 가운(예복)을 입히다 **altar** 제단
sacrifice 제물, 희생물 **purple** 보라색의 **choir** 합창단, 성가대 **Rabbi** 랍비
daily 날마다 **relative** 친척 **fear** 공포, 두려움 **anxiety** 걱정 **search** 수색하다 **astonish** 놀라게 하다 **explain** 설명하다

When Jesus saw His mother, He came to her.

"Son, what are You doing? You have scared* Your father and me!"

"Why did you look for Me? Don't you want Me to do My Father's work?"

They did not quite understand how He could so easily forget them, and yet Mary, perhaps, remembered what the angel had told her. He was in His Father's house.

But He agreed to go home with His parents. He wanted all of the children of the world to learn from His example.*

He found that nature* was greater than the Temple. Under the stars and running through grass and flowers, He learned more than the Rabbis could teach Him. And every day He grew in wisdom as He grew taller.

The Young Carpenter

예수는 목수인 요셉의 밑에서 역시 목수 일을 배운다.
또한 알아듣기 쉽게 사람들을 깨우치고 가르치는 일을 하기 시작한다.
어린 예수가 사람들에게 주로 강조하는 것은
서로 사랑하라는 말이다.

There are many years of the life of Jesus that we know nothing about. He lived with Mary and Joseph in Nazareth, and was preparing for the great work for which He came. He learned quickly in the synagogue

---

scare 겁주다 **example** 예, 본보기 **nature** 자연

school. His teacher must have wondered why He was so wise.

He was so humble that no one thought He was arrogant.* He was so unselfish that He was loved by all. He finished school, perhaps, when He was fourteen. Then He chose to learn the trade* of His father, and began to work with him making many wooden* things.

Few houses were made of wood because the people of Nazareth used white limestone* to make their houses. Yet, wood was used not only for boats, tables, benches, yokes* and carts, but also for plows,* saddles,* and many things we now make of other material.*

Jesus never refused* to help someone. Even if the work was rough* or hard, Jesus did it nobly.* But He was always thinking. The world around Him was full of pictures and stories through which He could gain* wisdom from Heaven.

He began to teach. He used stories to help people understand better. We call these stories parables.* Wherever He saw the flowers, the grape vines, the olive and the fig trees,* the wheat fields, the shepherds and their flocks, and the fishermen and their nets, He told His stories. They were much more simple, and true, and beautiful than those taught by the Rabbis.

The more He thought about the teaching of the Rabbis, the more He saw how false and hard it was. The Rabbis only talked about rules and laws.* They never talked about love.

As He grew older, He would sit sometimes on some hill, watching the

---

arrogant 거만한, 오만한 **trade** 장사, 직업 **wooden** 나무의, 목재로 만든 **limestone** 석회석 **yoke** 멍에 **plow** 쟁기 **saddle** 안장 **material** 물질, 재료 **refuse** 거절하다 **rough** 거친 **nobly** 훌륭하게 **gain** 얻다 **parable** 우화, 비유 **fig tree** 무화과나무 **law** 법, 율법

stars. He thought of all the people in the world. He wanted to show them how deep God loved the world. He wanted to take away* the burdens* on the minds of the people and give them the rest and peace of God. He wanted to take away their endless* rules and give them one rule—to do by others as they would have others do to them. He wanted to tell people to love each other.

He knew that He must go out from Nazareth to be a Teacher of Truth. But His friends thought that He should be a Rabbi and teach in the Temple. He waited many years, caring for His mother and His younger brothers and sisters after the death of Joseph, and then He left Nazareth.

Chapter 06

The Voice in the Wilderness

예수는 광야에서 사람들에게 세례를 베푸는 요한을 만난다.
그는 요한에게 세례를 받기를 청하지만
예수가 하나님의 아들임을 아는 요한은 주저한다.

Jesus was thirty years of age when He left Nazareth to begin His work as a Teacher of the Truth.

His cousin John, the son of Elizabeth and Zachariah, was six months older than

---

take away 가져가다, 덜다 **burden** 짐 **endless** 끝없는

Jesus, and he was a Rabbi near the Jordan River. While Jesus had been living quietly at Nazareth, John had been away in the wilderness,* alone with the Spirit of God.*

He was a prophet who could be taught by God only. When his time to speak came, he came out of the wilderness. He stood on a bank* above the Jordan River, crying.

"Repent,* for the Kingdom of Heaven is coming," he shouted.

John had never cut his hair. He wore a rough garment* woven* of camel's hair. He only ate locusts* and wild honey. He seemed never to think of himself, but always of One who was coming. He said that he was only a "Voice," preparing the way for the Son of God.

He did something which seemed new and strange to the people. He told them to change their minds and turn away from sin. Then he baptized* them in the Jordan River. He was getting the people ready for the coming of Christ.

Thousands were coming down to the river to hear John. They came from all parts of Palestine, and Jesus came also. He wore white and blue clothes that were thick. The weather was cold because it was winter.

We do not know how He made the journey to the river, but we know that He came and stood with others while John spoke.

On this day, John's words were different.

"There is a Man standing with you that you do not know. I am not good enough to even touch His feet," said John.

After this, Jesus came down to be

---

wilderness 황야, 광야 **the Spirit of God** 성령 **bank** 둑, 제방 **repent** 회개하다 **garment** 의복 **weave** 짜다 **locust** 메뚜기 **baptize** 세례를 주다

baptized. John, though he had not seen Jesus since He was a young boy, knew Him.

"I need You to baptize me," cried John. "Why do You want me to baptize You?"

"Do this for Me now, and in the future,* you will get what you need," said Jesus. John baptized his Master.

Out of the warm, blue sky, a white dove came flying around the head of Jesus. Jesus prayed and looked up at the dove,* which was the Spirit of God.

"You are my beloved* Son," came the voice of God.

This was the answer to Jesus's prayer. Only Jesus and John understood the meaning* of these words, for they heard with the Spirit. To others, it seemed like thunder* out of a clear sky, and they were full of wonder about the strange young Man. Was this Man the Son of God? How would He baptize them with fire and the Holy Spirit?

John told the rich to share* with the poor; the people who handled* money to be honest, and the soldiers to harm* no one. When they were ready to give up the sins that John showed them, they were baptized and ready to live in a new way.

---

in the future 장차, 미래에 dove 비둘기 beloved 사랑하는 meaning 의미, 뜻 thunder 천둥 share 나누다, 공유하다 handle 다루다 harm 해를 끼치다

Chapter 07

Jesus
in the Desert

예수는 자신이 세상에서 할 일을 이해하려고
홀로 황량한 사막으로 가 40일을 보낸다.
그동안 악마가 찾아와 온갖 유혹적인 말로 예수의 믿음을 시험한다.

The people were looking for the promised Son of God. They thought it was John, but he always said it was not Him. He told them that someone greater than him was coming. The dove and Jesus made them think.

While they were thinking, Jesus went

up the riverbank* alone. He went into the wilderness, a wild desert country beyond the Dead Sea.* He did not even talk with John, whose home was in the wilderness. Jesus needed to understand Himself and His work better. He was both human and God. He had to learn to hear the voice of God better.

The desert had many rocks with sand and dry grasses, and great cliffs* of chalk* and limestone. One great cliff called Quarantana is now full of caves.* They were cut out of the face of the rock by men who hoped to follow the same path as Jesus.

Jesus was thinking. His human nature* was full of hopes, fears, and prayers. His divine* nature was full of strength,

---

riverbank 강둑 the Dead Sea 사해 cliff 낭떠러지, 절벽 chalk 백악, 석회암 cave 동굴 nature 본성 divine 신의, 신성의

promise, and comfort.* He did not think of food, and there was none to be found. So He rested at night in a cave and wandered among the mountains by day.

Jesus spent forty days in the wilderness of Judea. While He was there, the spirit of evil tortured* and tested Him, and when all was over and He had not given up, His mind was calm and ready for His work.

"If You are the Son of God turn this stone into* bread," said the evil spirit to Jesus when He was hungry.

"A man shall not live by bread alone, but by every word of God," answered Jesus.

Then in a vision, He seemed to be in the Holy City on the top of a tower of the Temple that stood over a deep valley.

"If You are the Son of God, throw Yourself down," said the evil spirit. "The angels will catch You."

"A man shall not tempt* the Lord."

Then in a vision, again, He seemed to see, from the top of a very high mountain, all the kingdoms of the world.

"If you worship me, I will give You all the kingdoms of the world," hissed* the evil spirit.

"Go away, Satan!" said Jesus with the power of God. "A man must only serve and worship God."

We shall never know all that Jesus suffered* during this long time when He was away from His home in Nazareth, and away from every human being. But He won a great victory over* evil for us. So He became the Elder Brother and Friend of all who are tempted.

After His long struggle with the powers of evil, angels came and cared for Him,

---

comfort 평안, 위안 **torture** 고문하다 **turn A into B** A를 B로 바꾸다
tempt 유혹하다, 부추기다 **hiss** 쉿 소리를 내다, 꼬이다 **suffer** 고통 받다
win a victory over ~에 대해 승리를 거두다

bringing heavenly* strength and comfort. He came again into the valley of Jordan, and found that spring had come while He had been in the desert. John was still preaching and baptizing.

"Look!" John said to the people when Jesus came. "It is the Son of God! He has come to save us from our sin!"

Chapter 08

The First Disciples

세례 요한의 제자였던 요한과 안드레가 예수의 첫 번째 제자가 된다.
안드레는 자신의 형제 베드로를 예수에게 데려오고
빌립과 나다니엘 역시 예수를 따르기로 한다.

The next day two men named John and Andrew were talking with John the Baptist,* and Jesus passed by.

"Look, it is the Son of God," said John the Baptist. These two men had been

---

heavenly 거룩한, 하늘의 **baptist** 세례자

priests and disciples* of John, but they turned and followed Jesus.

"What are you seeking*?" Jesus asked them.

"Rabbi, where do You live?" they asked.

"Come and see."

How gladly they went! No one knows where or how He lived. But they were happy to sit and talk with Him. He was a young man like them, but there was a wonderful spirit in Him that made them feel like* worshipping Him.

The first thing that Andrew did was go and find his brother, Simon Peter. They were both fishermen from Bethsaida on Lake Galilee.

"We have found the Son of God!" said Andrew, and they both went back to Jesus.

When Jesus saw Simon Peter, He saw his heart. He knew that he would help bring the Kingdom of Heaven to Earth.

"You are Simon, the son of Jona. You shall be called Peter."

So John, the loving, Andrew, the obedient,* and Peter, the believing, began to follow Jesus. And Peter's strong faith was like a foundation* of stone.

There was another man from Bethsaida who had come down to hear John. His name was Philip. Jesus found him and told him to follow. And he not only followed Jesus, but he went joyfully* to find his friend, Nathanael.

Nathanael could not believe that the Son of God would be a man of Nazareth. The prophets had said that He would come from Bethlehem.

As he came to Jesus, He looked into his heart with kindness.

---

disciple 사도, 제자   seek 찾다, 구하다   feel like -ing ~하고 싶다
obedient 복종하는   foundation 기반, 기초   joyfully 기뻐하며

"Look!" said Jesus. "It is an Israelite* who is pure.*"

He saw innocence* in the heart of Nathanael, but Nathanael wondered how Jesus could know him.

"Before Philip called you, when you were under the fig tree, I saw you," said Jesus.

Then Nathanael's whole heart went over to Jesus.

"Rabbi, You are the Son of God!" he cried. "You are the King of Israel!"

He needed nothing more to prove* that Jesus was the Christ, but Jesus told him that he would see greater things.

Nathanael became the fifth disciple. His name became Bartholomew.

Chapter 09

The First Miracle

예수와 다섯 명의 제자는 갈릴리로 향하던 중
나사렛 근처에서 열리는 혼인 잔치에 초대된다.
잔치 도중에 포도주가 다 떨어졌음을 알고
예수는 물로 포도주를 빚는 첫 번째 기적을 행한다.

Jesus and the five who had become His constant* friends and disciples began to walk to their home in Galilee. It was spring, and the land was beautiful with green grass and wild flowers. On the

---

Israelite 유대 인, 이스라엘 사람   pure 순수한, 결백한   innocence 순진무구함, 천진난만함   prove 증명하다   constant 충실한

Journey, the disciples only focused on* Jesus's words.

There was to be a marriage feast* near Nazareth in the home of a friend. Mary and her family were invited, and also the friends who had come with Jesus. It was at Cana, a village between Nazareth and the Lake of Galilee, and they walked over the hills early to see the bride.* Then there was a feast at the house of the father of the bridegroom.*

Everyone celebrated by drinking the wine. Before the feast was over, they found that the wine was all gone. The family felt embarrassed* that they had run out of* wine.

"They have no wine," Mary said to Jesus.

"Mother, what can I do for you?"

"Whatever He tells you to do, do it," said Mary to the servants.

He told them to fill with water the six

large pots* of stone.

"Now bring those pots to the host* of the feast," He said. When the pots were served on the table, the water had become wine.

This was the beginning* of miracles.*

These were happy days for Mary, for she had her Son back again. Jesus and His mother, and His brothers, and His disciples went down to Capernaum by the Lake for a few days. Here, Peter lived by the blue, beautiful lake.

---

focus on ~에 집중하다, 초점을 맞추다   feast 잔치, 연회   bride 신부   bridegroom 신랑   embarrassed 당황한   run out of ~을 다 써 버리다, ~이 동이 나다   pot 항아리, 독   host 주인   beginning 시작, 시초   miracle 기적

Chapter 10

In His Father's House

다시 유월절 축제 기간을 맞아
예수와 그의 제자들은 예루살렘으로 간다.
하지만 장사꾼들로 시끄러운 성전을 본 예수는 그들을 쫓아낸다.

Jesus felt satisfied* and happy. He knew that He had started to do His Father's work. After His time in the desert, He had learned to overcome* His human nature. He was to do this work until it should be finished.

For three years, He was to teach the

people the truths of the new Kingdom, and show that love had come into the world. He was going to take away the sins of the world, and in place of* them, give to the world eternal* life.

It was time for the Passover Feast again, and Jesus with His disciples joined the Capernaum company and started on the pleasant journey to Jerusalem. They sang the songs of Zion. Everything in Jerusalem was moving. Flocks of sheep and herds* of oxen were being driven toward the Temple, and crowds* of people from near and far were filling the streets.

When Jesus came into the Temple Court, He saw something that filled Him with anger and sorrow.* The sellers of sheep, and oxen, and doves, and the

---

satisfied 만족한 **overcome** 극복하다, 넘어서다 **in place of** ~ 대신에
eternal 영원한 **herd** 가축의 무리 **crowd** 군중 **sorrow** 슬픔

money-changers* had brought their things into the great Temple. They were buying and selling noisily,* and turning the courts of the Lord into a market. The voices of men and animals must have disturbed* those who worshipped.

The priests allowed* it; perhaps they were paid for doing so. Jesus, as a Son in His Father's house where the servants had been unfaithful,* began clearing* the court of all these things. He began shouting and chasing* all the people out of the Temple.

"Take these things away!" He shouted. "My Father's house is not a market!"

And the people wondered why they should obey* this strange young Man, but they did.

Jesus looked strange and powerful, so the people listened and left the Temple.

"Why are You doing this?" the Jews asked. "Why do You think You have the right to chase us from the Temple?"

"Destroy* this Temple, and in three days I will raise it up,*" He answered.

He knew that they would not understand this, but they would remember it after they had killed Him and He lived again after three days. He spoke of His body.

The Jews turned away. They thought He was boasting.*

---

money-changer 환전꾼 **noisily** 시끄럽게 **disturb** 방해하다 **allow** 허용하다, 허락하다 **unfaithful** 불충한, 충실하지 못한 **clear** (사람들을 ~에서) 내보내다 **chase** 쫓다 **obey** 복종하다, 따르다 **destroy** 무너뜨리다 **raise up** 일으켜 세우다 **boast** 자랑하다, 허풍 떨다

Chapter 11

A Talk about the Breath of God

예수는 성전에서 사람들을 가르치고 있을 때
바리새 인인 니고데모가 진심으로 예수의 말을 듣고자 한다.
예수는 인간의 생명이 하나님의 숨결로부터 비롯된 것임을 가르다.

Jesus was in the Temple most of the time during the Passover Feast. He taught the people standing outside. He also did miracles among them, and many believed in Him because of the miracles.

Yet He knew their hearts and could not trust them. The Pharisees* and Doctors of the Law also stood and listened to Him, and among them was one who truly believed in Jesus.

He was one of the highest of the Pharisees, but his heart was not as proud* as the hearts of most of the Pharisees. His name was Nicodemus. He longed to talk with Jesus, but he was afraid of what the other Pharisees would say.

One night, he snuck out of* the city and found Jesus. There was no place to talk quietly in the crowded tents, so they must have gone out under the trees to talk.

"Master, we know that You are a teacher from God, for no man can do these miracles unless God is with him."

Jesus looked through the heart of Nicodemus, and saw what he needed to hear most.

Pharisee 바리새 인 **proud** 자부심 있는, 교만한 **sneak out of** ~에서 몰래 나가다

"It is true that if a man is not born again, he cannot see the Kingdom of God."

Nicodemus could not understand how a man could be born when he is old, so Jesus explained that it was a spiritual* birth. The wind softly stirred* the leaves of the olive trees above their heads.

"The wind blows, but you cannot see from where," said Jesus. "You can hear the wind, but you don't know where it goes. Just because you cannot see the Spirit does not mean it is not there."

Nicodemus had always thought that religion* was about following the law, so he was astonished.

"How can these things be?"

Jesus spoke to the soul of Nicodemus of the things of the Spirit of God.

Nicodemus found out that life was the breath of God in man. Perhaps he felt it within him as he went down the valley under the trees and heard the wind among the leaves. As he came up the steep way and through the city gate in the silence of the night, perhaps he decided to be a disciple of Jesus.

---

spiritual 영적인, 정신적인   **stir** 휘휘 젓다, 살랑거리게 하다   **religion** 종교

Chapter 12

A Talk about the Water of Life

유월절이 끝나고 예수는 제자들을 데리고 갈릴리로 가던 중
수가라는 작은 마을의 우물터에서 휴식을 취한다.
예수는 물을 길러 온 사마리아 여인에게 가르침을 주고
그곳의 많은 사람들에게 하나님의 말씀을 전한다.

After the Passover, there were many who believed in Jesus and who wished to be baptized, and so they went down to Jordan with Jesus and the disciples. Then the disciples baptized them.

John, who was also baptizing by the river, was told that Jesus was baptizing and that all men were going to Him. John was very happy.

After this, Jesus went back to Galilee. As He and His disciples went through the country of Samaria, which lay* between Judea and Galilee, they came at noon near to the little village of Sychar. It was the most difficult road to Galilee because the Judeans and Samaritans were not friendly.*

While the disciples went up into the village to buy some bread, Jesus sat down by a deep well* in the valley. It was built with stone and covered from the sun. Jacob, the father of all the tribes of Israel dug* the well for his family and cattle* and flocks hundreds of years before.

While Jesus rested by the well, a woman came down the path* from the town to

---

lie 놓이다, 놓여 있다   friendly 우호적인   dig 파다   cattle 소 떼, 가축 무리
well 우물   path 길

draw water. She was going to leave when Jesus asked her for a drink of water. She had not offered Him any, for she thought a Jew would not ask even a drink of water from a Samaritan.

"If you knew who God was and who I am, you would have asked Me for water. And I would have given you a drink of better water than this."

The woman did not understand His words about water. Jesus was talking about life always and everywhere, but the people were slow to understand Him.

The woman wondered where Jesus could get better water than water from Jacob's well.

"Whoever drinks this water will be thirsty again. Yet, whoever drinks the water that I shall give him shall never be thirsty."

When the woman heard this, she could

not understand. He began to speak about her life, so she was amazed.*

"Sir, I see that You are a prophet." She talked of the mountain nearby which had been the place of worship of the Samaritans, and of the Temple at Jerusalem, where the Jews worshipped. She did not want to talk of her own life, which was not good.

"God is a Spirit, and they that worship Him must worship Him in spirit and in truth," replied Jesus.

"I know that the Son of God is coming," she said.

"I am He," He said. Then the woman left her water jar* and hurried away to tell the people of the town.

While she was away, His disciples came and begged Jesus to eat, but He was not

---

amazed 깜짝 놀란 **jar** 단지

hungry.

"My food is working and helping the people," and He thought of the great work He had to do.

As they looked out along the valley, men were working in the fields.

"Look, the fields will be ready to harvest* in four months."

While He stayed two days in Sychar, many believed in Him there.

"Now we believe," they said to the woman.

Chapter 13
Jesus in the Synagogue

예수 일행은 나다나엘이 사는 가나로 간다.
예수는 가버나움에 사는 귀족의 아들을 고쳐 주고
베데스다라는 온천에서도 사람들을 치료해 주지만
유대 인들은 안식일에 기적을 행한 예수를 맹렬히 비난한다.

Jesus came back to Galilee through the Valley of Jenin and across the plain of Jezreel to Cana. His disciple, Nathanael, lived here. While He was in Cana, a nobleman* who lived at Capernaum came

---

harvest 추수하다 **nobleman** 귀족

riding into the little town. He asked Jesus to come down and heal* his son who was dying.

"Unless you see a miracle, you will not believe in Me," said Jesus.

"Please Sir! My son is dying!"

Jesus realized that the man really believed in Him.

"Go back home," He said. "Your son will live," and the man went away, believing what Jesus had said. On the way down to Capernaum by the Lake, some servants came to meet him.

"Your son will live!" they cried.

"When did my son start feeling better?"

"Yesterday at seven o'clock."

That was the hour that he had spoken to Jesus.

The whole household* was filled with joy. They gathered* together to celebrate.

From Cana Jesus went to Nazareth.

John the Baptist had been thrown into a gloomy prison down by the Dead Sea by Herod Antipas. He had called the king wicked.*

While Jesus was at home with His mother and brothers and sisters, He went to the village synagogue. There were many there who hoped that the young Carpenter would read from the Book of the Law.

After the singing, the time came for the reading and teaching. Jesus read from the story of Isaiah:

"The Spirit of the Lord is in Me. He has chosen Me to help the poor. He has sent Me to heal the broken hearted, help the slaves, and make the blind see again."

When He had finished, He rolled* the book again and handed* it to the minister* and sat down. He began to teach the

---

heal 치유하다, 낫게 하다   household 온 집안 식구   gather 모이다
wicked 못된   roll 말다, 굴리다   hand 건네다   minister 장관, 대신

people.

The people were looking and listening very carefully. Jesus told them simply that He was the very One whom Isaiah had spoken of seven hundred years before. He was the Son of God. They looked at each other in amazement.*

"Isn't this Joseph's son?" they asked each other. Joseph had been their neighbor and Jesus had grown up among them and played with their children. Was He crazy?

He began to tell them that no prophet could be loved in his own country. The Lord had to send them to strangers, as He sent Elijah and Elisha. They became angry with Him. Some of the men wished to teach Him a lesson. They took Him by force* to the edge* of a cliff. They were about to throw Him over the cliff to the rocks below.

Yet Jesus just walked quietly down the

hill to the path that led into the valley. No one was able to touch Him or hurt Him. He started walking to other towns to preach* there.

The heart of Mary must have been full of sorrow when she saw her Son hated by the people of Nazareth.

And so Jesus went down to Capernaum, where He had friends and disciples. Afterward,* His mother and His brothers went to Him there.

Later, Jesus went alone to a religious* feast at Jerusalem. While He was there, He cured* a poor man who could not walk. He lay on his mat near a spring* called Bethesda. It was covered by a roof, and had five porches. Here, the sick were brought by their friends to be cured by the

---

in amazement 놀라서　by force 억지로, 완력으로　edge 가장자리
preach 설교하다　afterward 후에, 나중에　religious 종교의, 종교적인
cure 치료하다, 낫게 하다　spring 온천

water.

Jesus saw a poor friendless* man who had waited for thirty-eight years to step into* the water.

"Will you be made whole?" Jesus asked the man.

The man explained why he could not be cured. There was no man to help him walk into the water.

"Rise, pick up your bed, and walk," said Jesus.

He rose at once, and walked, carrying the mat on which he lay.

The Jews were angry when they heard of it, for the man had been cured on the Holy day. Jesus told them that they would never get eternal life if they could not really believe in God.

Chapter 14

Among the Fishermen

세리였던 마태가 예수의 제자가 된다.
갈릴리 호숫가에 있던 예수는 빈 배로 돌아온 베드로 일행에게
다시 고기를 낚으러 가라고 한다.
이번에 그들은 만선의 기쁨을 누리며 돌아온다.

Capernaum was on the shore of the beautiful Lake of Galilee. At that time, it was a very busy city. Jesus lived here and cured many sick people. Peter and Andrew, and James and John also lived

---

friendless 친구 없는 **step into** ~으로 들어가다, 발을 내딛다

with Him. Matthew, whose job was to take taxes* from the people, may have seen Jesus pass. Soon, he became Jesus's disciple.

The beautiful plain of Gennesaret is at one end of the Lake. There is a white beach of shells* there.

On this white beach, Jesus stood one spring morning, teaching the people. As the people gathered close around to hear Him, He was pushed so near the water that He stepped into Peter's boat.

The boat of Zebedee, the father of James and John was nearby. They had washed their nets and had given up fishing until night again, for morning was not a good time for fishing.

"Start fishing again," Jesus told them.

"Master, we have worked all night, but we have caught no fish. But if You want us to fish, we will," said Peter.

Suddenly, their nets became so full of fishes that they started to break, and the boats started to sink.*

"I am so sorry I doubted* You, Lord!" Peter shouted.

"Do not be afraid. You will catch men now."

Peter, John, and James did not know then that they would become the founders* of the Christian Church.

---

tax 세금 **shell** 조개껍질 **sink** 가라앉다 **doubt** 의심하다 **founder** 창설자

Chapter 15

The Healing Hand of Jesus

회당에서 사람들을 가르치던 예수는
마귀 들린 남자를 고쳐 준다.
이후 예수는 열병에 걸린 베드로의 장모와
다른 병자들을 치유시켜 준다.

The synagogue at Capernaum was very beautiful. It was made of white marble.*

One morning, Jesus went in and sat among the learned* Rabbis, for He wished to speak to the people as He had come near Nazareth. The people knew and loved Him, and the place was crowded to hear

Him speak.

He went to the Teacher's seat, and while all the people stood, He sat and taught them. People wondered, as they always did, at His words, for they were not like the words of the Rabbis. It was as if God Himself were speaking through a man.

Suddenly, a crazy man began shouting at Jesus.

"Leave us alone! I know who You are! You are going to destroy us!"

"Get out of* Him," said Jesus to the evil spirit inside* the man. The poor man fell on the marble floor, but in a moment* he was free. The evil spirit went out of the man. This astonished the people so much that they told the story to everyone.

When He went home from the synagogue, He found the mother of Peter's

---

marble 대리석　**learned** 박식한, 학식이 깊은　**get out of** ~에서 나가다
inside 안에, 내부에　**in a moment** 잠시 후(에), 얼마 후(에)

wife very ill with a fever,* and they brought Jesus to her bed. Jesus spoke some words to her.

She seemed to be quite well again, and her first wish was to do something for this wonderful Man whom Peter had been following. She rose and helped to prepare food for Him.

The people did not dare to* come to Jesus for healing on the Holy day. But after the sunset,* many crowds of people came and asked to be healed. Jesus put His hands on them and healed them.

Following Jesus

예수는 나병 환자와 중병에 걸린 사람을 낫게 해 주는 등
자신을 믿는 모든 사람들에게 기적을 행한다.
또한 예수는 부유한 로마 인 세리였던 마태를 제자로 받아들인다.

The next morning, Jesus went out among the hills alone. All day He was followed by the poor, the sick, the blind, and the lame.* So at night or early morning, He went out to be alone, to think

---

fever 열 **dare to** 감히 ~하다 **sunset** 일몰 **lame** 불구의, 절름발이의

of the great work He had come to do. But the people followed Him and begged Him not to leave them.

"I must preach the Kingdom of God to other cities also," He said. And He took His disciples and started on a journey from village to village through Galilee. There were about two hundred of these towns, and they were near together. It was the springtime, and the fields and hills between the villages were beautiful with flowers. Wherever He went, the people heard Him gladly.

Once, as He came near a town, a very sick man followed Him. He had the disease* called leprosy.* He followed Him into the town, which was against the law. People with leprosy were not allowed in the town. If he touched another person, they would also become sick.

"Please make me clean again," the man

begged.

"You will be clean," Jesus said and put His hand on him.

Suddenly, his dead and filthy* skin became as healthy as a child's. Jesus saved the man from a slow, painful* death.

Jesus's house was always crowded. Some men, who were bringing a friend to Jesus who was paralyzed,* took him up by the outside stairs to the housetop.*

Jesus saw the faith* of the four men who had put their sick friend down at His feet, and it touched His heart.

"Son, be happy again," He told the man. "Your sins are forgiven."

The scribes,* who were always copying the Scriptures,* were always watching to hear Jesus say something different from

---

disease 병, 질병   leprosy 나병, 문둥병   filthy 더러운, 불결한   painful 고통스러운   paralyze 마비시키다   housetop 지붕, 용마루   faith 믿음   scribe 서기관   the Scripture 성서

the Law of Moses. If He said something wrong, they were ready to tell the Rabbis.

"Who can forgive sins but God?"

Jesus heard their thoughts.

"Is it easier to forgive sins or heal the body?" Jesus asked them. "Get up and go back to your home," Jesus told the sick man.

The man rose and rolled up his mat and carried it out. The people were astonished and let him pass.

"We have seen strange things today," the people said among themselves.

When Jesus left the house to go down to the seashore,* He saw the Roman men taking money from the Jews. At that time, the Romans had conquered* the Jews and ruled over them.

The Romans made themselves rich by taking money from the poorest Jews.

The people did not like the tax

gatherer,* and his was not a pleasant office.*

Levi, also called Matthew, was a rich tax gatherer at Capernaum. As he sat in his office looking out upon the marketplace,* he saw Jesus passing by. Jesus stopped at his door.

"Follow Me," He said to Matthew.

Matthew left everything and followed Jesus. He had a business* that made him rich, but he was ready to leave it all to be a disciple of Jesus.

He gave a great dinner to his friends and invited Jesus and His five disciples. He wanted to confess* his faith in Jesus.

The Jews looked down on* the Romans. When the Jews passed by and saw Jesus sitting in Matthew's house at the feast, they

---

seashore 물가 **conquer** 정복하다 **tax gatherer** 세리, 세금 징수원
office 직업, 관직; 사무실 **marketplace** 시장 **business** 사업, 일
confess 고백하다 **look down on** ~을 멸시하다

asked His disciples why their Master ate with Romans.

"People who are not sick do not need a doctor," answered Jesus. "I came to help the people who need Me, not the people who don't."

After this dinner, Matthew became a disciple of Jesus.

Friends of Jesus

예수는 지상에 온 자신의 목적을 이루고자
열두 명의 제자를 선택한다.
그는 주옥같은 이야기로 사람들을 가르치는데,
이 이야기들은 '산상 수훈'이라고 불린다.

Jesus had a good and true reason for choosing just twelve men to help Him to begin to build the first Christian Church. Before He called them, He went up into a mountain to be alone. He left Capernaum and went up through a rocky* path to a

rocky 바위투성이의

high plain where the grass was thick and the wild flowers were growing. From one of these hills, Jesus could see the Lake with its cities.

Here, Jesus stayed all night, and the next morning, He came down into the grassy* field where the people were gathering. The disciples went to meet Him, and He told them that He had chosen twelve of them to be with Him in His work.

He called to His side Peter and Andrew, and James and John, the two pairs of brothers who were His first friends and then called Philip, of Bethsaida. Next were Bartholomew from Cana, and Matthew, the tax gatherer of Capernaum, who wrote the first gospel.*

He also chose Thomas, of Galilee, James and Jude, two brothers from Capernaum, Simon, of Galilee, and Judas Iscariot, who came from the country near Jerusalem.

Five of these were His cousins. More than half of them were fishermen.

No kings or emperors on Earth ever had so great an honor* given them as that which Jesus gave to these men. They became His princes in His spiritual Kingdom. Then Jesus came down among the people. He healed all of the sick.

Then He sat down and taught the people. The sayings* of that wonderful day are called the "Sermon on the Mount." The words are now read in every Christian Church in the world. The people saw a beautiful young man, but they also saw the light of God in Him. He looked lovingly* on* the little group of disciples near Him. He blessed them in beautiful words that we call the Beatitudes, or the Ten Blessings.

---

grassy 풀이 무성한　**gospel** 복음서　**honor** 영광　**saying** 경구, 금언
lovingly 다정하게　**look on** ~을 관찰하다

He said that the "blessed" are the good, humble, pure souls* who have little of this world's wealth* and friendship, but much faith and love.

He taught them the law of love and forgiveness* and the law of purity* and truth. He taught them to be humble and simple, especially* in prayer. He gave them a wonderful prayer that we call the Lord's Prayer.

He told them that if they were children of God, they could not love themselves or the world more than God. Then He taught them that the birds and flowers were loved and cared for* by God.

"The lilies* in the field do not work or speak, but they are more holy than the great king, Solomon," Jesus told the people. "If God cares for the lilies, don't you think He will care for you, His children? Do not be afraid of the future. Always seek God, and you will get everything you need."

Then He looked away from the birds and the lilies into the eyes of the people and saw their need for love and truth. He told them that they should not judge* each other, or worry about each other's faults. He showed them how they might ask God for love and truth. It would be given them because the Heavenly Father is more just,* kind, and loving than an earthly* father can be.

"Do not do anything to other men that you would not want them to do to you," He told them.

The world was crowded with people, but only a few had found the way to Heaven. The wise man builds his house on

---

soul 영혼 wealth 부, 재산 forgiveness 용서 purity 순수 especially 특히 care for ~을 보살피다 lily 백합 judge 판단하다 just 공정한 earthly 이 세상의

a rock. When the winds, the rain, and the flood* come, it will still stand. The foolish* man builds his house upon the sand, and when the winds, and the rain, and the floods come, it falls.*

The people went away from this great meeting among the hills to think it over. It was so new and so wonderful. Jesus spoke like a teacher of teachers.

Chapter 18

The Lord of Life

예수는 총애하는 유대 인 종의 병을 낫게 해 주고 싶어 하는
로마 인 관리의 신실한 믿음을 보고 기적을 행한다.
세례 요한의 제자들이 예수를 찾아 와
그가 행한 기적을 직접 보고 요한에게 이를 알리러 간다.

Jesus came down to Capernaum again and found the same crowds of needy* people, who were like sheep having no shepherd. The rich as well as the poor had their wants* and their troubles.*

---

flood 홍수　**foolish** 어리석은　**fall** 넘어지다, 무너지다　**needy** 매우 가난한
want 탐나는 것, 가지고 싶은 것　**trouble** 불행, 걱정

A good Roman officer* had a servant, who was so faithful to him that he was very fond of* him. The servant was very sick. He asked his men to get Jesus to come and cure his servant. He feared to ask the favor* himself, for he thought Jesus was a Jew who would not like to help the Romans. So the Jews spoke to Jesus about it.

"Lord, I am sorry to bother You," the Roman officer wrote to Jesus. "I know I am not worthy to* ask for Your help, but please heal my servant."

Jesus was impressed* by the Roman's faith, which was greater than most of the Jews' faith. The servant was cured of his sickness.

But some of the Jews were angry because Jesus had said that a pagan* Roman could have more faith than a Jew.

The next day Jesus and His disciples

went to a little city called Nain, more than twenty miles away. When they were near the city gate, they met a funeral procession* coming out. In that time, people were paid to cry at funerals.* Behind them, came a weeping* woman. She was the mother of the young man who had died.

Everyone felt sorry for the poor woman who had lost her only son.

"Do not cry," Jesus told the mother. He looked at the dead man. "Young man, rise!"

In a moment, the young man opened his eyes, sat up, and began to speak.

While Jesus was near Nain, some of the disciples of John the Baptist came to see Him. John was in prison* still, down in the

---

officer 관리 be very fond of ~을 매우 총애하다 ask a favor 부탁하다
be worthy to ~하기에 족하다 impressed 감동 받은 pagan 이교도의,
비기독교의 funeral 장례식 procession 행렬 weep 흐느끼다 prison
감옥

low, hot country by the Dead Sea. Jesus told them to go and tell John what they saw.

"The blind receive* their sight* and the lame walk, the lepers* are cleansed, and the deaf hear, the dead are alive again. If you love Me, you are blessed. Come to Me if you have a great burden, and I will give you rest. My work is easy, and My burden is light."

This is the loving invitation* of Jesus to every one of us to enter the Kingdom of Heaven.

Chapter 19

Mary Magdalene

예수가 시몬이라는 유대 인의 집에 초대 받았을 때
창녀인 막달라 마리아가 와서 예수의 발을 씻겨 준다.
예수는 이 여인의 죄를 사하여 주고
주변 사람들에게 믿음과 사랑의 중요성을 설파한다.

There was a Jew named Simon, who was very curious* to know what Jesus taught, although he had no wish to be His disciple. He was a rich man and lived in a beautiful house. He invited Jesus to his house to

---

receive 받다   **sight** 시력   **leper** 나병 환자   **invitation** 초대   **curious** 호기심이 있는

speak to him and his friends.

When Jesus came, Simon did not give Him any special gift, for Simon did not love Him. He was only curious about* Him.

While they were at the tables, a beautiful young woman came in through the open door and passed swiftly* by the other guests until she came to the place where Jesus was.

No one spoke to her or about her, for they all knew that she had been a sinful* woman. But soon they saw that she was weeping over the feet of Jesus. She cleaned His feet with perfume* and her hair.

Simon looked at her angrily. Why was Jesus letting this woman touch Him?

"Simon, I have something to say to you," said Jesus. Then Jesus told a little story of a man who had two people who owed* him money. One owed him five hundred pence, and the other fifty. When they had nothing to pay, he forgave them both. Then He asked which of them will love him the most.

"I suppose* the man who owed him more money," said Simon, and Jesus told him that he was right.

"See this woman?" Jesus asked and everyone looked at the woman.

She had washed His feet and kissed Him many times, but Simon had not welcomed Him.

"Her sins, which are many, are forgiven. Her heart is full of love. Your sins are not many, and though they are forgiven, you don't have any love for Me."

Jesus looked at the woman.

"Your sins are forgiven," He told the woman. "Your faith has saved you. Go in

---

be curious about ~에 대해 호기심이 있다 swiftly 재빠르게, 잽싸게 sinful 죄 많은 perfume 향수 owe 빚지다 suppose 가정하다

peace."

As Jesus went through the villages of Galilee, He found many friends and many enemies. The twelve apostles* were always with Him.

Not only Mary Magdalene, but Susanna, and Joanna, the wife of King Herod's steward* who had been cured by Him, were His grateful* friends. Some priests came down from Jerusalem to watch Him, and to tell the people that He was not a true teacher, and this pleased the Pharisees. They asked Him to show them a sign that He was from God.

He told them that no sign should be given them except* that of Jonah. Jonah had spent three days and three nights in the great fish, so should the Son of Man be three days and three nights in the earth. Though the men of Nineveh were wicked, they asked for forgiveness after they heard

Jonah speak. The men of Jerusalem did not repent, even though someone greater than Jonah was among them.

Mary and her sons had come from Nazareth, hoping to take Jesus away from the crowds. Someone told Jesus, as He sat teaching in a house, that His mother and brothers were outside and wished to speak with Him. The crowd was too great for them to enter.

Before Jesus rose to go out to His mother, He taught the crowd a lesson.

"My mother and My brothers are anyone who hears the Word of God and does it."

---

apostle 사도   **steward** 집사   **grateful** 고마운   **except** ~ 외에, ~을 제외하고

Chapter 20

Stories Told by the Lake

예수는 갈릴리 호숫가에서 비유를 통해
사람들에게 하나님의 말씀을 전한다.
세상에는 선과 악이 공존하지만
결국에는 그 둘이 분리된다는 것이 이야기의 요지이다.

Jesus was glad to teach the people by the Lake, for their hearts were like the good ground into which the farmer loves to drop his seed.* The hearts of the rich, proud Pharisees were like the rock on which seed cannot grow. He taught them as no man had ever done before.

This is the story of "The Farmer:"

"A farmer went out to plant his seed," said Jesus. "As he planted, some fell on the ground, and the birds ate it.

"And some fell upon a rock. The seed did not grow there because it lacked* water.

"And some fell among thorns,* and the thorns choked* it so it could not grow.

"And others fell on good ground, and grew into hundreds of fruit."

He knew that some could understand with their heart that He was talking of the Word of God, but there were many who could not.

His disciples asked Him to make His story easier to understand.

"The seed is the Word of God. Those who are not on the right path hear the

---

seed 씨, 씨앗 **lack** ~이 없다, 결핍되다 **thorn** 가시 **choke** 메우다, 막다

Word of God, but the devil comes and takes it away.

"Those who are on the rock receive the Word with joy, but they have no root.* They only hear for a little while* and then they lose* it again.

"If people care too much about riches and pleasure,* then these cares are like thorns. They stop the Word of God from growing.

"But the seed on the good ground are the people who have an honest and good heart. When they hear the Word, they keep it. They grow fruit with patience.*"

He also told them a story called "The Wheat* and the Tares.*" A man planted good seed in a field, but when it grew into wheat, there were weeds* growing among it called tares. An enemy had planted the tare seed at night, and it had grown up with the wheat.

The man's servants wished to pull out the tares, but the master of the field said both should grow together until the harvest.* If they pulled the tares out of the ground, they might pull up the wheat as well. At the end of the harvest, the tares would be burned* and the wheat gathered into the barn.* In this way, He taught them why good and evil are allowed to grow together in this world.

He also taught them in the story of "The Mustard* Seed." The growth of the Lord's Kingdom in the heart is like a mustard seed planted in a field. It is the smallest seed, but it grows into the biggest tree. He told them other stories also.

One of the stories told that day was about "The Treasure.*" He told them of a

---

root 뿌리 for a little while 잠시 동안 lose 잃다 pleasure 기쁨, 즐거움
patience 인내 wheat 밀 tare 독초, 가라지 weed 잡초 harvest 추수
burn 태우다 barn 헛간 mustard 겨자 treasure 보물

man who, when digging in a field, found a treasure. He went and sold all that he had to get money enough to buy that field. This story was to teach that Heaven in the heart is worth* more to us than all the treasures or pleasures of this world.

He also told story of "A Fishing Net," which caught fish of every kind. When they brought it to the shore, the fishermen gathered the good fish into baskets, but threw the bad away. Good and evil are eventually* separated.*

Chapter 21

Stilling the Storm

예수가 제자들과 배를 타고 갈릴리 호수로 나간다.
거대한 폭풍이 불고 배가 요동치기 시작하자 제자들은 겁을 먹지만
예수는 바람과 물에게 명하여 폭풍을 잠재우고
마귀 들린 남자를 고쳐 고향으로 돌려보낸다.

When Jesus was very tired from teaching the people and healing the sick, He used to go into the wilderness, called Gadara, on the other side of the Lake. After the last long day of teaching by the

---

worth 가치 있는 **eventually** 결국 **separate** 분리시키다

shore Jesus needed rest, but the people crowded around Him everywhere He went.

In the evening, He took the large fishing boat with His disciples, and went to the other side of the Lake. Another man wished to go, but thought he should first bury* his father.

"You should follow Me, and let the dead bury their dead," said Jesus. He meant that the Jews were spiritually dead.

After they had gotten to the middle of the Lake, a great wind storm blew. The boat began to rock* and shake* in the wind. Every part of the little ship was covered with water from the rising waves, and the disciples began to feel afraid.

Where was Jesus? He was asleep.* They had brought a cushion* for His head, and He had fallen asleep.

"Master, Master, we are going to die!"

they shouted.

Then He rose and spoke to the winds and waters, and the storm stopped. Everything was a great calm.*

The fishermen had never seen anything so wonderful as this. They were almost more afraid of Jesus than they had been of the storm.

"Why are you so fearful*? How is it that you have no faith?" Jesus asked.

As soon as they had landed* in Gadara, a strange man came out of the rock tombs* to meet them. He was naked* and wounded.* He was always wandering in the mountains, crying and cutting himself. Jesus was sorry for him, for He knew that it was the evil spirits within him that made him so unhappy. The poor man tried to

---

bury 묻다 **rock** 흔들다 **shake** 흔들다, 요동치게 하다 **asleep** 잠든
cushion 방석, 쿠션 **calm** 고요, 평온 **fearful** 두려워하는 **land** 육지에 닿다, 당도하다 **tomb** 무덤 **naked** 벌거벗은 **wounded** 상처 입은

worship Jesus, but the evil spirits cried in pain.

"What is your name?"

"My name is Legion, for we are many," answered the evil spirits inside the man.

Jesus made the poor man free by commanding* the evil spirits to come out of him. They entered into a herd of pigs nearby. They ran into the Lake and drowned.* The men in the nearby village saw the wild man wearing clothes and sitting quietly with Jesus. They became afraid of Jesus.

As He went back to the ship, the wild man begged to go with Him. Yet Jesus told him to go instead* to his friends at home and tell them what the Lord had done for him.

And so Jesus stilled* the storm of wind on the Lake and the storm of evil in a soul.

Called Back

가버나움의 회당장인 야이로가 예수를 찾아와
중병이 든 딸을 살려 달라고 간청한다.
예수가 회당장의 집으로 가는 도중
소녀는 죽지만 예수는 그 아이를 다시 살려낸다.

When Jesus came back to Capernaum, He found His crowd of friends. They were concerned about* Him because of the storm. Among them was one who had watched anxiously* for the boat. He had

---

command 명령하다 **drown** 익사하다 **instead** 대신에 **still** 고요하게 하다, 달래다 **be concerned about** ~에 대해 걱정하다 **anxiously** 걱정스럽게

a little daughter at home who was very ill. His name was Jairus, and he was a ruler of the synagogue. He got on his knees* and begged Jesus to save his daughter.

Jesus went with him, and the crowd followed behind.

While He was on the way, a woman who had been sick for twelve years followed close behind Him.

"If I may touch Your clothes, I shall get better," she said, and she touched them with faith in her heart.

"Who touched My clothes?" Jesus asked.

The woman became frightened and tried to hide* in the crowd.

Finally, the woman came out of the crowd and fell down at His feet,* trembling.*

"Daughter, your faith has made you better. Go in peace," Jesus said to her gently.

While the woman was still at His feet, some friends came from the ruler's house to bring sad news.

"Your daughter is dead," they said. "Stop bothering our Master."

Jesus saw the sadness* in the father's face.

"Do not be afraid, only believe."

So they went to the ruler's house, and into the room where the little girl lay. He took only Peter and James and John with the father and mother of the maiden* into the quiet, dark room.

"Do not cry. She is not dead. She is sleeping." Then He took the little girl by the hand and called her. She heard Jesus's voice calling to her.

At once, she rose and walked. She was

---

get on one's knees 무릎을 꿇다 **hide** 숨다 **fall down at one's feet** ~의 발밑에 엎드리다 **tremble** 떨다 **sadness** 슬픔 **maiden** 소녀, 처녀

a little girl of twelve, and very dear* to her father and mother. Her parents were filled with joy and wonder. Jesus reminded* them to give her food, but He told them not to speak of what happened to their daughter.

Chapter 23

Two by Two

예수의 제자들은 둘씩 짝지어 마을을 다니며
하나님의 말씀을 전하고 기적을 행한다.
한편 감옥에 갇혔던 세례 요한은 사악한 왕비 때문에 죽음을 맞고
예수는 갈릴리 호숫가에서 500명이 넘는 사람들을 먹인다.

Jesus wanted to go back to Nazareth. So He went back to His hometown,* but they did not welcome Him. Once more He went into the Nazareth Synagogue. They were cold to Him and looked at Him with

---

dear 귀여운　**remind** 기억나게 하다, 상기시키다　**hometown** 고향

anger. They could not understand His great power and wisdom, and they would not believe in Him.

"Isn't this the carpenter, the Son of Mary?" they said. "He is the brother of James, Joses, Juda and Simon? Aren't His sisters here with us?"

"A prophet's family and hometown never believe in him," said Jesus.

He wondered why they did not believe in Him. He loved them very much and wanted to help them. He healed a few sick people.

He left His home again. He called the twelve disciples together. He sent them out, two by two, into the world around them. He gave them power to chase away evil spirits and to heal the sick. He wanted them to preach His message to people all over the world. He told them that they must take nothing for their journey, except a staff.*

He told them also to bless anyone who helped them, and to leave the house or the city that would not welcome them. He said that their life would be hard, and that wicked men would try to kill them. Yet, they should not be afraid because God would protect* them.

He gave them comfort and strength. Because they gave up their normal* lives to follow Jesus, they would have eternal life.

So, two by two, they went away and left Jesus alone.

John the Baptist was still in the prison of King Herod Antipas, down by the Dead Sea. He had been there more than a year. Queen Herodias wanted him to be put to death, because he had spoken against her marriage with King Herod. She was

---

staff 지팡이   **protect** 보호하다   **normal** 보통의

a wicked woman. Herod believed in his heart that John should go free, but for the queen, he kept him in prison. He allowed his friends to see him, and sometimes he spoke to him about Jesus.

On the king's birthday, he gave a great feast to his lords and captains. After they ate the expensive food and wine, the dancing girls came in. They danced with their scarves.*

At last a young girl came in and danced alone. She was dressed like a princess, and she was a princess.

Queen Herodias had sent her young, innocent,* daughter, Salome, to dance for the men.

The men loved her dance most of all.

"I will give you anything you ask for," the king said to the princess.

"What shall I ask for?" she asked her mother.

"The head of John the Baptist," said her mother.

King Herod did not expect* this. But he made a promise and could not break it.

John was not afraid when they killed him. They took his head to the princess. She gave it to her mother. The girl was shocked and sad. King Herod eventually lost all of his land and money. But John the Baptist went to Heaven.

John's disciples buried his body, and then went and told Jesus.

The disciples, now called apostles, had been out teaching among the villages. They heard of the death of John the Baptist and came back to Jesus. They had been preaching, healing the sick, and chasing away evil spirits. They often said "The Kingdom of Heaven is coming," and the

---

scarf 목도리, 스카프 innocent 결백한, 순결한 expect 기대하다, 예상하다

people wondered if they should make Jesus their king.

Herod heard of the work of Jesus and the apostles, and was afraid. He tried to see Jesus, but Jesus came to help the poor, not speak to kings.

As Peter, and John, and Andrew and all the rest came back, they were full of stories of the wonderful things that had been done. Many came with them to find Jesus. Jesus decided that He needed to talk to the apostles alone.

They took a boat and crossed the Lake. The shore was crowded with people who wished to be with Jesus. The crowd decided to follow Him to where He was going.

Jesus saw that the men, women and children had followed Him. He felt love and pity* for them, so He decided to sit and teach them.

It was spring, and the green fields were full of bright wild flowers. The apostles stood around their Master while He taught the people in simple language.

All afternoon, He spoke to them. When the sun was slowly going down, they still wished to stay. They were like sheep with no shepherd. The apostles worried because there was nothing to eat.

"Go get them something to eat," said Jesus. Then the apostles were astonished, for there were about five thousand men, not including the women and children. "Shall we go and buy two hundred pennyworth of bread, and give them it to eat?" said Philip.

"How many loaves* do you have? Go and see," said Jesus.

"There is a boy here who has five barley*

---

pity 동정, 연민 loaf 덩어리 barley 보리

loaves, and two small fish. But what are they among so many?"

Then Jesus told His apostles to seat all the people in order* upon the green grass. Soon all the people were sitting and looking at Jesus. He looked at them like a father looks at their children. What were they waiting for?

They saw Him take the little boy's basket of bread and the two little fish and look up to heaven. He blessed them. Then He began to break the bread and divide* the fish.

As He broke the bread and gave it to the disciples, they took it away to the people sitting on the grass. When they came back to Jesus, there was still more waiting for them. In this way, all the people were fed.*

"Gather up the crumbs* that remain.*"

And they filled twelve baskets with the pieces of the barley loaves that were left.

"He really is a true prophet!" the people said to each other. They wondered again if they should make Him their King. Jesus heard them and hid among the hills.

---

in order 차례대로, 순서대로 **divide** 나누다 **feed** 음식을 먹이다 **crumb** 빵 부스러기 **remain** 남다, 남아 있다

Chapter 24

Walking the Waves / The Two Kingdoms

예수는 물 위를 걷는 기적을 제자들에게 보여 주고
유대 인들은 예수가 자신들을 로마 인들로부터 해방시켜 주기를 원한다.
하지만 예수는 자신은 속세의 왕이 아니고 영생을 줄 것이라고 하지만
많은 사람들이 실망하여 예수에게 등을 돌린다.

While Jesus was alone on the mountainside,* the apostles were trying to reach* Capernaum in their fishing boat. Because of the strong wind, by three o'clock in the morning they were still out upon the Lake.

Jesus saw them struggling with*

the oars,* and came swiftly down the mountainside. He went to them by walking upon the water.

"It is a spirit!" the apostles shouted in fear when they saw someone walking toward them in the dark.

"Do not be afraid! It is I, Jesus."

"Lord, if it is You, ask me to come with You on the water," cried Peter.

"Come."

Peter climbed over* the side of the boat and began to walk toward Jesus. A strong wind came, and he fell into the waves.*

"Lord, save me!" he cried, and he began to sink.

"You have little faith! Why did you doubt Me?" Jesus said. He reached out a hand to save Peter.

When they both entered the ship, the

---

mountainside 산허리 **reach** ~에 닿다, 도착하다 **struggle with** ~로 고군분투하다 **oar** 노 **climb over** ~을 넘다 **wave** 파도

wind stopped. Suddenly, the disciples found themselves at the land not far from Capernaum.

It was on the white beach of pebbles* and shells near the plain of Gennesaret. As soon as the people saw that Jesus had arrived, they began bringing their sick friends to Jesus. Many were too ill to walk, and were brought on little beds or mattresses and laid at Jesus's feet. Just by touching Jesus or His clothes, they were healed.

The people whose hearts were set upon* making Jesus their King followed Him wherever He went. Some who had been with Him in the past,* too.

"Teacher, when did You come here?" they asked. Jesus knew that they cared more for His gifts than for His teaching.

"You seek Me not because you saw the miracles, but because you were happy to eat the loaves of bread," said Jesus. He told them that they should not work for the food that perishes,* but for food that endures* forever.

They still wished Him to do some wonder.

"How can we do the work of God?" they asked.

"This is the work of God," He said. "You believe in the Man that He sent." Still they remembered the miracle of the bread.

"Show us a sign!" they said, "Our fathers ate manna in the desert."

"You have the bread of God already. He has given you life."

Then Jesus spoke those words about Himself that turned many away from Him. He showed them that He could never be an earthly king. He had only the

---

pebble 조약돌 set one's heart (up)on ~하리라 마음먹다 in the past 과거에 perish 썩어 없어지다 endure 견디다, 지탱하다

things of the Spirit to give them.

"I am the bread of life," He said. "He that comes to Me shall never hunger*; and he that believes in Me shall never thirst.* I will never send away anyone who comes to Me. I am the living bread which came down from Heaven. If any man eats of this bread, he shall live forever."

Then the Jews were offended* and turned to talk among themselves. They could not understand what He meant. Yet, they saw plainly* that He was not going to agree with their plan to make Him the King of the Jews. They wanted Him to free them from the Romans and make a new Jewish nation.

They did not want to follow Him, but they wanted Him to follow their plan.

"Does this offend you? What if you see the Son of Man rise to Heaven? It is the Spirit that you need. Flesh* gives you nothing. The words that I speak to you, they are a Spirit, and they are life."

Many turned away from Him and went to their homes, disappointed.*

"Will you also go away?" Jesus asked His apostles.

"Lord, to whom shall we go? You have the words of eternal life. We believe and are sure that You are the Son of the living God."

"Did I not choose you twelve?" said Jesus. "But one of you is a devil."

Already, evil spirits had entered the heart of Judas.

---

hunger 굶주리다 thirst 목마르다 offended 기분이 상한, 화가 난 plainly 확실히, 명백히 flesh 살, 육체 disappointed 실망한

Chapter 25

A Journey with Jesus

유대 인들은 자신의 기대를 저버린 예수와 사도들에게 점점 더 분노한다.
그러나 예수는 자신을 믿는 자들에게 계속 기적을 행하는데
마귀 들린 수리아 여인의 딸을 낫게 해 주고
귀머거리, 벙어리, 소경들을 고쳐 준다.

Jesus went away with His disciples into the borders of Tyre and Sidon. He did not go to the Passover Feast, for the anger of the Jews had been growing more violent* toward Him and His apostles. Many Jews had become proud because they thought they were wise and religious, He decided to help the other people.

When it was known that Jesus had arrived, some came to Him who were not Jews. One was the Syrian woman whose daughter was troubled by an evil spirit. The disciples did not like to hear this girl crying in a foreign language and following them. They asked Him to send her away.

"It is not right to take a child's bread and give it to dogs," Jesus said to her.

"Yes, but dogs eat crumbs that fall from their master's table."

"Oh, woman, your faith is great!" Jesus cried and her daughter was cured.

Jesus did not go down by the great sea. He went northward* to the hills that lie around the mountains of Lebanon. They stopped in the Lebanon villages and finally came to the foot of Mount Hermon, and

---

violent 폭력적인　**northward** 북쪽으로

to the Jordan.

As they came into Decapolis on the east side of the Lake of Galilee, the people came to Him in crowds again for healing. There, He healed a man who could neither hear nor speak.

Coming to Gadara, He found crowds coming with their sick for healing. They had been afraid of Him eight months ago when He healed the crazy man, but now they begged Him to be healed.

Then, in Bethsaida, Jesus opened the eyes of a blind man. Jesus told the people that He healed not to tell others what happened, but they never listened. They told everyone they knew.

Chapter 26

The Christian Sabbath* / Peter's Confession* of Faith

유대 지도자들은 예수와 제자들의 일거수일투족을 감시하기 위해
첩자들을 파견해 그들을 따라다니도록 한다.
예수는 일곱 개의 보리빵과 작은 물고기 몇 마리로
4,000명이 넘는 사람들을 먹이는 기적을 행한다.

Jesus was walking with His disciples one Holy day and talking of the Kingdom of Heaven when they came to a field of ripe* grain.* They had been gathering food for their souls from the teachings

---

Sabbath 안식일 **confession** 고백 **ripe** 익은 **grain** 곡식, 낟알

of Jesus. When they saw the grain, they were hungry. Some of them began to take the heads of wheat and eat the kernels* of wheat.

Following close after them were some men who had been told by the Jewish leaders to watch Jesus and His disciples, and saw if they did anything wrong. At that time, there were very strict* rules about what you could or could not do on the Holy day.

"Look! Your disciples are breaking the law on the Holy day," they said.

He entered a synagogue and taught. There was a man there who could not use his right hand. The same people who had followed Jesus as spies* were watching Him in the synagogue.

"Rise up and stand in front of Me," Jesus said to the sick man.

The man rose. Jesus turned to the spies

who were eagerly* watching to see if Jesus would do something that was forbidden* in their law.

"Is it lawful on the Holy days to do good, or to do evil? Is it right to save life or to destroy it?" Jesus asked them. The spies were too afraid to answer. "Give Me your hand," Jesus said to the man.

The man could not move his hand before, but suddenly he moved it just like he did his left hand.

The spies went away very angry, and tried to make a plan for getting Jesus into trouble.*

Jesus was near the end of His travels in the country called Decapolis. They were not like the Galilean Jews. Some of them were not Jews, and they lived among the

---

kernel 곡식알 strict 엄격한 spy 첩자, 몰래 지켜보는 사람 eagerly 열망하여, 간절히 forbidden 금지된 get ~ into trouble ~을 곤경에 빠뜨리다

wild, rocky hills of that region.* They were poor and ignorant,* yet they were more ready to accept Jesus than the wise and wicked Jewish leaders had been.

He had been kind to them in their sickness and poverty,* and they followed Him with their sick, and lame, and deaf, and blind.

Jesus had been teaching in the wild mountain country, and the people would not leave Him to go away to their homes.

"The people have not eaten in three days. I will not send them away without food," said Jesus.

The disciples wondered where they should find food in the wilderness to feed so many people.

But when Jesus knew that they had seven loaves of barley bread and a few little fishes, He told the people to sit down on the ground. He divided them and gave to

His disciples, and the disciples gave to the people.

There were four thousand men besides* women and children who took the bread that came from Jesus's hands. After all had eaten, they took up seven baskets of the food that was left.

Jesus taught them to use it wisely and waste* nothing.

When the people had been sent to their homes, Jesus, with His disciples, took a fishing boat and crossed the Lake. The Jewish leaders were there and ready to question Him. They asked Him to send a sign from Heaven.

"Only wicked people look for a sign," He said. They had to ask for forgiveness from their sins.

Then He left them, for He saw the

---

region 지역, 지방 **ignorant** 무지한 **poverty** 가난, 빈곤 **besides** ~을 제외하고 **waste** 낭비하다

hardness* of their hearts.

Again, they took their journey in the little ship to the northern* end of the Lake. Then they sat on the green hillside.*

"Do not trust the Jewish leaders and scholars,*" Jesus said.

The disciples did not understand Him, and wondered what they would eat.

Then Jesus, seeing that they had little faith, told them to worry more about wicked people than food.

They walked still further north. They came to Caesarea Philippi, one of the most beautiful places in the world. It was near Mount Hermon, high above the sea. The old Greeks loved the place, and built there a temple to the god of nature.

Here there were more non-Jews than Jews. It was a fun town in the summer, and people from other towns came to this city of palaces, temples, baths,* theaters,* and statues.* These people did not wish to hear the words of Jesus. Yet, here He was able to pray alone. Once, after prayer, He questioned His disciples about Himself.

"Who do the people say that I am?" He asked.

"Some think You are John the Baptist, and others say that one of the old prophets lives again," they answered.

"But who do you say that I am?" He asked.

"You are the Son of God," said Peter. Jesus was glad to hear this, for many had come to doubt.

He saw that Peter's faith in the truth was like his name, which means "a rock."

"You are Peter, and on this rock; I will build My church."

Peter's faith in the truth was also in the

---

hardness 굳음 northern 북쪽의 hillside 산허리, 구릉의 경사면 scholar 학자 baths 온천, 공중 목욕탕 theater 극장 statue 조각상

hearts of the other disciples for whom He spoke.

He told them that He must soon go to Jerusalem and suffer many things from the chief priests and the scribes and the elders. He would be killed by them, and rise again from the dead the third day.

Then, He plainly told them what they must be ready to do if they followed Him. They must not hope for any earthly honors or riches. They must obey only God.

He told them that whoever wished to live for this world alone would lose all, but whoever was willing to* lose everything for God would find eternal life.

Chapter 27

"And We Behold* His Glory" / A Father's Faith

예수는 제자들과 헤르몬 산으로 가서
곧 닥칠 그의 죽음과 부활에 대해 모세와 엘리야와 논한다.
산을 내려온 예수는 귀신 들린 아이를 낫게 해 주고
제자들에게 자신의 죽음이 어떻게 닥칠지를 알려 준다.

Jesus stayed near Caesarea Philippi with His disciples for a week. The villagers* were making delicious olive oil. In that week, He must have had many wonderful talks with the villagers.

---

be willing to 기꺼이 ~하다 **behold** 보다 **villager** 마을 사람

One evening, they went to the bottom of Mt. Hermon. Jesus left the disciples to wait for Him below,* taking only Peter and the brothers James and John with Him up the mountain. While Jesus went some distance* from them to pray, the three disciples waited for Him. In that high clear air, they seemed very near Heaven. They were tired, and they fell asleep.

While they slept, they seemed to see a change* in the face of Jesus as He prayed. His clothing* became white and glistening* like the snows of Hermon in the sun. They also saw two men with Him whom they seemed to know were Moses and Elias.

They also heard them talking with Jesus about how He would die at Jerusalem. Then the light around Jesus grew until it seemed like a bright cloud at sunset. They were wrapped in the light, and they were afraid.

"This is my beloved Son," they heard the voice of God say. "Hear Him."

When the voice was passed, they looked up and saw Jesus there alone.

"Arise,* and do not be afraid," Jesus said to them.

He told them to tell no one of the vision until after He had risen from the dead.

When they came down from the mountains, they found some Jewish lawyers arguing with* the group of disciples there. As soon as they saw Jesus, they all ran to Him and greeted* Him.

"Master, I have brought my son. There is a spirit inside him that makes him unable to speak," a man said to Jesus. He told Jesus that the disciples were not able

---

below 아래에   **distance** 거리   **change** 변화   **clothing** 옷, 의류
glistening 빛나는   **arise** 몸을 일으키다, 일어나다   **argue with** ~와 언쟁하다
greet 인사하다

to help him.

"Bring him to Me," said Jesus, and they brought him.

"For how long has this spirit been in the boy?" asked Jesus.

"Since he was a very young child," said the father. "Sometimes he tries to jump into the fire or drown himself in water."

"If you can believe, all things are possible.*"

"Lord, I believe!" cried the father.

Jesus commanded the evil spirit to leave the boy. He stopped moving.

"Why couldn't we chase that spirit away?" said the disciples afterward.

"This kind of spirit must by chased away by prayer."

Then the disciples listened sadly to Jesus talk about how He must soon die.

Chapter 28

The Lord and the Little Ones / Leaving Galilee

다가올 예수의 왕국에서 누가 제일인자가 될지 논의하던 제자들에게
예수는 천진난만한 어린아이의 마음을 갖는 자만이
천국에 들어갈 수 있을 거라고 가르친다.

As the Lord and His disciples walked over the hills into Galilee, some of them wondered if Jesus would really die.

"He will be King," they thought. They began to argue about* who among them

---

possible 가능한 argue about ~에 대해 논쟁하다

would be chosen to be greatest in His Kingdom.

"What were you arguing about?" Jesus asked them.

They didn't say anything, for they were ashamed.* A little child stood near, listening. He wished that he also could be a disciple.

Jesus called the child, who came joyfully to Him.

"Unless you become like little children, you shall not enter into the Kingdom of Heaven. Be careful and never hate a child. They can always see Heaven."

He also told them of the love of the Father in seeking His lost children. That if a shepherd lost one of his hundred sheep, he would leave all the others to go out into the wild mountains to look for the lost sheep. A father would do even more for his children.

"God would never let any of His children die."

Before going to the Feast at Jerusalem, the Lord Jesus said many things to His disciples that would help them to be loving and forgiving toward each other and the world. They were very soon going to meet trouble which would test their love and their faith. He told them that they would have help from Heaven when they asked for it.

"If my brother hurts* me seven times, should I still forgive him?"

"You should forgive him seven times seven times," said Jesus. "We should not count* the number of times we forgive."

At the time of the Feast of Tabernacles,* the people went up to Jerusalem to offer gifts in the golden Temple for the harvest

---

ashamed 부끄러워하는   hurt 다치게 하다   count 세다   Tabernacle 초막절

that the Lord had given them.

They brought oil, and wine, and wheat, and barley, dates,* pomegranates,* and figs. While they marched* toward the Holy City, they sang joyful songs that David had written long before. The brothers of Jesus came down to Capernaum on their way to the Feast at Jerusalem, and they asked their elder Brother to go also into Judea and show Himself to the world. They did not believe in Him yet.

"My time hasn't come yet, but you can always preach the word of God," said Jesus.

So they went on their journey, and Jesus stayed in Galilee.

After a few days, He took the road through Samaria to get to Jerusalem. The Samaritans were not friendly to the Jews. Jesus and the disciples could not find a place that would let Jesus stay there.

The gentle John and his brother James were angry that unkindness* was shown to Jesus. They told Jesus to destroy the villages.

"I have not come to destroy lives," said Jesus. "I have come to save them."

And they went to another village. On the way, they found men who wished to follow Jesus as the disciples did. Some were not ready to follow Jesus. They kept thinking about doing other things first.

There were many besides the twelve who fully believed in Jesus, and were ready to tell others of the coming Kingdom. He sent them out to all the places until there were seventy of them preaching the good news. They healed the sick in the name of Jesus.

---

date 대추야자   **pomegranate** 석류   **march** 행진하다   **unkindness** 불친절함

Chapter 29

At the House of Martha / The Good Shepherd

예수는 유대 인 율법학자에게 선한 사마리아 인 이야기로
참 이웃이 누구인지 깨우쳐 주고 이웃을 사랑하라고 가르친다.
사악한 서기관들과 제사장들은 예수를 시험하고자
그에게 죄 지은 불쌍한 여인을 데리고 온다.

While Jesus was on His way to Jerusalem, a lawyer came and asked Him questions. He did not want to be a disciple, yet he asked what he should do to have eternal life.

Jesus asked him what the Commandments* said about it, and the lawyer said that he must love his God and his neighbor.

"You are right," Jesus replied. "Do this and you shall live."

"And who is my neighbor?" asked the lawyer.

Then Jesus told a story of a man who went down to Jericho and was nearly* killed by thieves.* A priest and a religious man passed by him. However, a Samaritan (and the Samaritans were despised* by the Jews) came that way, and he stopped in pity for* the poor man. The Samaritan helped him. Then Jesus asked the lawyer which of these three men was a neighbor.

"The good Samaritan," said the lawyer.

"Go and do the same," said Jesus.

As Jesus came near Jerusalem, He passed through Bethany, a little town.

---

the Commandments 10계명　nearly 거의　thief 도둑　despise 경멸하다, 멸시하다　in pity for ~을 불쌍히 여겨

Martha welcomed Him and made Him supper. She had a brother named Lazarus, and a younger sister named Mary who loved to listen to every word that Jesus spoke.

Martha was very busy serving her honored* Guest,* and thought Mary should help her in the house. Instead, she was listening to Jesus.

"Martha, you are busy and troubled, but Mary is busy doing good things," said Jesus.

During the Feast of Tabernacles, Jesus came up to the Temple at Jerusalem. The people had been looking for Him, and as soon as they saw Him, they crowded around Him.

Some wondered at His wisdom.

"My wisdom is not Mine," He said. "God sent it to Me. I will only be with you a little while. You shall seek Me and shall not find Me."

The priests, the scribes, and the Jewish leaders were listening, and He knew that their hearts were too full of pride and self-love to receive His word.

On the last day, the great day of the Feast, Jesus stood and cried to the people who were about to go back to their homes.

"If any man thirsts, let him come to Me and drink," He said.

Many people truly believed that He was the Son of God. But others were filled with anger and wished to arrest* Him. The priests told the soldiers to arrest Him.

"Nobody has ever spoken like Him," they said and they would not touch Him.

But Nicodemus, a Doctor of the Law, was a friend of Jesus. He talked to the priests and convinced* them not to hate

---

honored 명예로운 **guest** 손님 **arrest** 체포하다 **convince** 설득하다

Jesus.

Jesus taught in the Temple again the next day, and all the people came to listen.

The wicked scribes and priests brought to Him a poor woman who had sinned.* They told Him that according to* the law she should be stoned.* He did not answer, but seemed to be writing on the ground before Him as though He did not hear them.

"He that is without sin among you, let him throw the first stone," He wrote on the ground. No one answered Jesus, but one by one they went away, too ashamed to speak.

"Has anyone thrown a stone at you?" asked Jesus to the woman.

"No man, Lord," she said.

"Go and sin no more," He told her.

"I am the light of the world," Jesus said in front of the treasury* of the Temple.

"He that follows Me shall not walk in darkness. He shall have the light of life."

His enemies tried to turn the crowds against Him. They heard that He healed a man on the Holy day and became angry at Him. But He ignored* them because He longed to help the people.

"I am the Good Shepherd," said Jesus. "I know My own sheep, and My own sheep know Me. I lay down My life for the sheep, and other sheep I have which are not in this flock. I must also bring them, and they shall hear My voice."

But the Jewish leaders would not listen to Him. They tried to kill Him three times by stoning Him, but they could not harm Him. Then He went away beyond the Jordan River.

---

sin 죄를 짓다 **according to** ~에 따라 **stone** 돌을 던지다, 돌을 던져 죽이다
treasury 보물 **ignore** 무시하다

The Lesson Stories of Jesus

예수는 여러 가지 비유를 들려줌으로써 사람들을 가르친다.
그는 사람들에게 이 세상에 속한 것보다 하나님의 나라를 사랑하라고 하고
하나님은 탕아를 용서하고 겸손한 사람을 좋아하신다고 말한다.

"Lord, teach us to pray, as John the Baptist also taught his disciples," Jesus's disciples asked Him.

Then He taught them the beautiful prayer called the Lord's Prayer.

"Ask, and it shall be given you." He said. "Seek, and you shall find. Knock,* and the door shall be opened."

It was while the Lord was teaching in the country called Peraea, east of Jordan, that He told many things that His disciples remembered and wrote in a book afterward.

He had been teaching for three years and was thirty-three years old.

Some of the people who lived at Bethany listened to Jesus well, for they were a kindly* people. Even though they did not learn a lot from books, they were wiser than their priests and leaders. The Lord told many stories that these people would remember.

The story of "The Fig tree in the Vineyard,*" "The Great Supper," and "The Foolish Rich Man" were stories that warned people not to love the things of the

---

knock 문을 두드리다   kindly 인정 있는, 상냥한   vineyard 포도밭

world more than Heaven.

The three stories called "parables" in the Gospels were about lost things; "The Lost Sheep," "The Lost Piece of Money," and "The Lost Son." They were given to us to show the great love of God for His children. If someone is lost, God will always look for him. These stories call children home to their Father.

Here is the story of the lost son:

There was once a rich man who had two sons.

"Father, give me all of the money that you planned to give me when you pass away,*" the younger one came to him and said.

And so the father gave the younger brother his share. In a few days, he had gathered it all together and decided to go on a long journey. He went into a distant* country, and there he spent all his money among bad people who seemed to be his friends but were really his worst enemies.

After he spent all of his money, he had to find a job. He looked after* pigs. Sometimes he begged for money, but no one would give it to him.

"My father is feeding his servants, and I am hungry!" the young man thought. "I will go to my father. I will ask him to make me one of his servants because I am not worthy to be his son."

The father must have been watching for* his lost boy, for when he saw him, he ran to him. He put his arms around him and kissed him. He told his servants to prepare a feast.

"My son was dead, and is alive again; he was lost, and is found," the father said.

The elder son had been away in the

---

pass away 죽다 **distant** 먼 **look after** ~을 돌보다 **watch for** ~을 기다리다

field, but when he came home, heard music and dancing. When he had heard that his brother returned, he was very angry, and would not go in. His father came out to beg him to come in and greet his brother.

"I have served you for many years and never done anything wrong. But you have never given me a feast."

"Son, you are always with me. Everything I own is yours. Let's celebrate that your brother has returned."

There are other stories told by Jesus while in Peraea. One is about "The Unjust Steward," and another is the story of "The Unjust* Judge." The other is called "Dives and Lazarus," or "The Rich man and the Beggar."

The parable of "The Pharisee and the Publican,*" describes* two men who went up into the Temple to pray. A Pharisee is a Jewish man who has studied Jewish law and religion. They were well known and respected in Jesus's time. A publican is a common* Jewish man.

"God, I thank You that I am not like publicans," thought the Pharisee. "I pray all the time* and I give all my money to the synagogue."

"God show mercy* to me, for I am a bad man!" said the publican to God.

"God was pleased more with the publican because he was humble," Jesus told the people.

---

unjust 부정한, 부당한   publican (고대 로마 시대의) 세리   describe 묘사하다, 설명하다   common 평범한, 보통의   all the time 항상   mercy 자비

Chapter 31

The Voice That Waked the Dead / The Children of the Kingdom

예수가 요단강 동쪽에 제자들과 함께 있을 때
나사로를 낫게 해 달라는 마르다와 마리아 자매의 연락을 받는다.
그러나 예수가 그들의 집에 도착했을 때
나사로는 죽어서 돌무덤에 묻혔으나 예수는 그를 다시 살려 낸다.

While Jesus and His disciples were still east of the Jordan River, Jesus received a letter from a messenger.*

"Lord, look! Someone You love is sick."

It was from Mary and Martha concerning* their brother Lazarus.

He remained two days longer where He

was.

"Let us go into Judea again," He said finally.

The disciples reminded Him that the Jews there had tried to take His life.

"Our friend Lazarus sleeps," said Jesus. "But I will awake* him out of sleep. Lazarus is dead."

"Let us also go that we may die with him," said Thomas, full of sorrow.

Bethany was not far from Jerusalem, and when they reached the house of Martha, Lazarus had been dead for four days. He was placed in a rock tomb. Many Jews from Jerusalem had come out to Bethany to comfort* Mary and Martha.

When Martha heard that Jesus was coming, she ran to meet Him, but Mary sat still* in the house. She thought,

---

messenger 전령   **concern** 걱정하다   **awake** 깨우다   **comfort** 위로하다
still 가만히, 조용히

perhaps, that He had come too late.

"Your brother shall rise again," said Jesus.

"I know that he shall rise again when the world ends," she said.

"I am the life. He who believes in Me, even if he dies, shall live again. Whoever lives and believes in Me shall never die. Do you believe this?"

"Yes Lord," answered Martha. "I believe that You are the Christ, the Son of God."

Then she called Mary quietly so that the people who were noisily crying could not hear.

"The Master has come and calls for you," she said.

Then Mary rose quickly and went to meet Jesus. The people who were trying to comfort her followed her, for they thought she was going to the tomb to weep there. But they saw her go to meet Jesus and fall at His feet.

"Lord, if You had been here, my brother would not have died," she said.

When Jesus saw the tears of Mary and her sister and their friends He wept also, not for Lazarus, but His heart was moved* for them.

They brought Him to the tomb, a cave with a stone lying upon it. He asked them to take away the stone.

"Lazarus, come forth*!" Jesus called.

The crowd saw a man in white clothes come out from the darkness and try to go up the stone steps. The people were so filled with joy. After this, many believed in Jesus, but others went and told the Pharisees all about it.

It was spring in Peraea, and the valley of the Jordan was full of the singing of birds

---

moved 감동 받은 **forth** 앞으로

and wild flowers. The people followed Jesus, for He taught them in the open air.* The disciples were busy with the people. They had to explain to the dull,* listen to those who wished to ask something of the Master, or keep back* the curious. This must have been done in every village through which they passed.

The mothers loved that their children had the Rabbi's blessing, so they wanted Jesus to bless their children too.

One day, some mothers brought their little ones to Jesus, and begged Him to bless them. The disciples told the mothers to stand back, and not to trouble the Master while He was teaching. But Jesus made it clear that all children were already blessed by Him.

After Jesus finished teaching here, He began to walk toward Jerusalem.

Chapter 32

The Young Man That Jesus Loved

어려서부터 하나님의 말씀을 따라 착하게 살던 청년이
예수를 찾아와 영생을 얻는 방법을 알려 달라고 요청한다.
예수가 모든 재산을 가난한 자들에게 나누어 주라고 말하자
청년은 예수를 외면하고 예수는 슬픔을 느낀다.

A rich young ruler came running after Jesus one day.

"Good Master, what shall I do to get eternal life?" he asked.

Jesus spoke gently to him, telling him

---

open air 야외　**dull** 우둔한　**keep back** 억제하다

that God alone is good. He told him to follow God's laws.

"I have followed all of His laws since I was a child," said the young man.

As Jesus looked upon him, He saw that he was really trying to be good. He had been taught by the Rabbis that men were saved by keeping the law and doing good things. He did not know that Heaven must begin in his own heart.

Jesus, reading his heart, loved him, and longed to have him know the truth.

"You are missing* one thing," said Jesus. "Give everything you own to the poor and come follow Me."

When he heard these words, the young man turned away. He was very sorrowful,* for he was very rich, and He found that he loved his riches more than he loved anything else.

"It is easier for a camel* to go through

the eye of a needle* than for a rich man to enter the Kingdom of God."

"Who then can be saved?" asked another man.

"The things which are impossible with men, are possible with God," He said.

---

miss 놓치다 sorrowful 애도하는, 슬픔에 잠긴 camel 낙타 needle 바늘

Chapter 33

The Last Journey to Jerusalem

예루살렘으로 가는 도중 예수는
믿음이 깊은 삭개오라는 세리를 만난다.
베다니에 도착한 예수와 제자들은 마르다와 마리아의 집에 묵고
마리아는 고통을 당할 예수를 위해 향수로 그의 머리와 발을 씻겨 준다.

When Jesus and His disciples were finally on the way to Jerusalem, Jesus began to worry about His death. The disciples saw this and were amazed and afraid of Him. He told them all about how He would die. They would not believe it. They thought He would become King on

Earth.

Jesus spoke to them gently and told them to be humble.

"You shall be a servant to everyone. You are not here to be served. You must serve instead," He told them.

It was the time of the Passover Feast at Jerusalem. As they crossed the Jordan River and went over the Jericho plain, they joined some of the groups of joyful people who were going up to the Feast. Some rode on camels and asses,* and some had things to sell.

The valley was filled with roses and other flowers. Because of its great gardens of roses, it was in this valley that they made perfume to sell in the East. It was warm even in winter there.

And so the Passover pilgrims entered

---

ass 당나귀

Jericho.

There was in Jericho a man named Zaccheus, who, like Matthew of Capernaum, was a rich tax gatherer. He wanted to see Jesus as He passed, but the crowd was too big, and he was a small man. So he ran and climbed up into a sycamore* tree to see Him.

"Zaccheus, come down, for today I must stay at your house," Jesus said when He saw Zaccheus.

Zaccheus was very happy to help Jesus. But some people complained* that a bad man like him should not have the honor of helping Jesus.

"Look, Lord," he told Jesus. "I will give half my money to the poor today."

"Today you are saved!" Jesus said happily.

"Jesus, Son of David, have mercy on me!" a blind beggar* called to Jesus just outside of Jericho.

The Lord heard the cry and called him. Jesus opened his eyes, and he followed Jesus.

The pilgrims came up the steep, rocky road from Jericho to Jerusalem. It was a difficult walk, so the men who could ride animals were lucky.

It was a six hours' journey, and when they reached the green heights* of the Mount of Olives they went to the village of Bethany. There, Jesus rested in the house of Mary and Martha. They made Him a feast.

It was a holy, happy time, yet shadowed* with sadness. Jesus spoke again about His death.

In the middle of the supper, Mary brought a box of very expensive perfume,

---

sycamore 무화과 complain 불평하다 beggar 거지 height 고지, 정상
shadow 그늘을 드리우다

and poured* it upon the head of Jesus and also upon His feet. Judas, one of the twelve, said it was a waste.* Why didn't she sell the perfume and give the money to the poor?

But Jesus knew what Mary did.

"Let her alone," He said. "The poor always have you to help them, but you won't always have Me."

Chapter 34

The Prince of Peace

예수는 나귀를 타고 예루살렘으로 들어간다.
많은 예루살렘 사람들이 노래를 부르며 예수를 환영하자
바리새 인들은 이를 멈추고 싶어 하지만 별다른 방도가 없다.

It was in the lovely springtime that a parade* of people came crying.

"Hosanna; blessed is the King of Israel that comes in the name of the Lord!" the people cried.

---

pour 붓다, 쏟아 붓다　waste 낭비　parade 행렬

The road was crowded with people who with lifted faces and songs of praise* waved branches of palm* as they walked before and beside Jesus. He rode toward Jerusalem.

After Jesus and His friends had left Bethany to go to Jerusalem, He had sent two of His disciples to a village nearby to bring to Him an ass, with its baby. Jesus would come to the city while sitting on these humble animals.

While the Lord and His friends were coming up the Mount of Olives, many people from Jerusalem who knew that He was on His way came to meet Him. The Pharisees had come out to see why people were singing and were angry. They told Jesus to stop the people from singing to Him.

But He told them that the very stones would cry out if the people stopped singing. They came to a point in the road where they could see the great city with its Temple before them. The whole company stopped.

"This city's peace will not last*!" Jesus cried.

He spoke of the days when enemies would surround* the Holy City, and destroy it. Fifty years after this, the Romans took the Holy City and burned the beautiful Temple. They killed many people.

And so Jesus went down through the valley of the Kedron and up through the city gates with the great parade that kept growing until He got to the Temple. He saw that the Temple had become a market again. He went silently back to Bethany with His followers.

---

praise 칭찬, 칭송   **palm** 종려나무   **last** 유지하다, 계속하다   **surround** 둘러싸다

Chapter 35

The Children in the Temple

예수는 제자들과 성전으로 가서
성전을 어지럽히는 상인과 환전꾼들을 쫓아낸 후
자신을 찾아온 모든 병자들을 낫게 해 주고
어린아이들은 예수를 찬양하는 노래를 부른다.

The next morning, Jesus went early with His disciples to the Temple. As they went over the Mount of Olives, they passed a fig tree with no figs. It was like the Pharisees, who looked religious but were really evil.

"Let no fruit grow on you forever, and you will wither away,*" said Jesus. "If you have faith, you will not be like this fig tree. If you asked a mountain to move, it would move. You can do anything you believe you can." When Jesus came again to the Temple, He drove out* the buyers and sellers and the money-changers, as He had done before.

The sick were waiting for Jesus, and He healed all who came to Him. The Pharisees looked on with hatred* in their hearts. They wanted to arrest Jesus, but suddenly they heard the sound of children singing praises to Him.

Then He left them and went again to Bethany to rest in the house of His faithful friends, Martha, and Mary, and Lazarus.

---

wither away 시들어 죽다 **drive out** 밖으로 내몰다 **hatred** 증오

Chapter 36

The Last Day in the Temple

예수가 다시 성전으로 가서 사람들을 가르치자
이를 못마땅하게 여긴 바리새 인들이 예수에게 시비를 건다.
예수는 그들의 질문에 지혜롭게 답하고
그의 왕국은 속세의 것이 아님을 전하고자 한다.

It was on a Tuesday that Jesus came again early to the Temple. It was the last day of His teaching there. The priests and elders were full of anger. Why did He think He could teach at the Temple and invite anyone He wanted there?

"Who gave You the right to teach here?"

they asked Him. Jesus answered them by asking a question.

"Did the power of John's baptisms come from Heaven or from men?"

They did not want to say "from Heaven," because then Jesus could also say He had power from Heaven. But they also did not want to say "from men," because they thought the people, who had loved John, would get angry at them.

"We do not know," they answered finally.

"I also cannot tell you that answer," said Jesus.

They could not find what they wanted. They wanted to catch Him saying or doing something against the Jewish law so they could bring Him to the Romans.

"Is it right that we give Caesar, the Roman emperor, our money?" they asked Him.

"Show me a penny. Whose picture is there?" They told Him it was Caesar's. "Then give Caesar the things that belong to him and God the things that belong to* God."

They wondered much at the wisdom of His answer. He really meant to* say to them that His Kingdom was not of this world.

Chapter 37

The Last Words in the Temple

예수는 성전에서 자신의 전 재산인 동전 두 개를 내놓은 과부를 보고
그 여인을 축복해 주고 사람들에게 그녀를 칭찬한다.
또한 자신의 포도원을 임대하고 여행을 떠났던 포도원 주인의 비유를 통해
사악한 제사장들과 바리새 인들에게 가르침을 주고자 한다.

On this day also, as Jesus sat near the treasury of the Temple, He saw a poor widow* come. She was the poorest of the poor, and yet she had something to give. She dropped two small coins into one of

---

belong to ~에게 속하다, ~의 것이다 **mean to** ~하려고 의도하다 **widow** 과부

the boxes. They were a very small amount* of money, but it was all the money she had.

Jesus saw her faith, and she received His blessing.

"Truly, this woman who only gave two small coins has given more than all the rich men who visited the Temple today," Jesus said to the people around Him.

He told several* stories that the people never forgot. Two of them were stories of the vineyard. One of them was of a man who sent his two sons into his vineyard to work.

"I will not," said one man, but afterward he felt sorry and went.

"I will go, sir," said the other one, but he did not. Men who are honest about their evil and then ask for forgiveness are better than men who lie about themselves.

The other story was of a certain householder* who owned a vineyard and rented* it to some men while he took a journey into a far country. After a while, he sent his servants to the men to collect* the fruit. But the men beat and killed the servants.

"They will not hurt my son," the man thought and sent his son to get the fruit. But the men also killed him. In this story, He spoke of His own death.

The priests and Pharisees, when they heard this parable, knew that the Lord spoke of them.

Knowing the wickedness* of the priests and Pharisees, who claimed to be more holy than the others, Jesus finished teaching that day. He had some harsh* words for them.

To the hypocrite* alone the Lord is

---

amount 양　**several** 몇 개의　**householder** 집주인　**rent** 임대하다
collect 모으다, 가지러 가다　**wickedness** 사악한　**harsh** 혹독한, 심한
hypocrite 이론가, 사상가

stern* and severe,* but to the sinner who truly feels sorry, He was full of forgiving love. He told them of the sorrows and destruction* that would happen to the Holy City. They would come because of the sins of those who should be true and faithful teachers of their holy religion.

"Oh, Jerusalem!" Jesus cried to the people. "You that kill the prophets and stone them! I want to gather your children under My wings like a hen gathers her chicks, but you will not let Me! So your house will be destroyed! Blessed is He that comes in the name of the Lord."

And He went out of the Temple to return no more.

Chapter 38

An Evening on the Mount of Olives

제자들과 함께 감람산으로 올라간 예수는
세상의 종말과 하나님이 오시는 때를 아는 방법을 알려 주며
늘 준비하고 있고 도움을 필요로 하는 이들에게 도움을 주라고 말한다.

Jesus and His friends went out from the Temple and Jerusalem to the Mount of Olives. As they looked back upon the beautiful buildings of marble and gold, they wondered at its beauty.

---

stern 엄격한 **severe** 호된 **destruction** 파괴

"There will be no stones left standing of that Temple," Jesus told His friends.

They sat down on the slope* of Olives, and in that quiet time, Peter, and James, and John, and Andrew drew close about* their beloved Master.

"Tell us, when shall these things be? How will we know this and the end of the world is coming?" He told them many things that are hard to understand. He told about the sorrows of Israel, when their city would be destroyed, and the people scattered.* He talked about the end of this age and when they would return to the Lord.

"Watch because you do not know the hour that God comes," and He told them of the faithful and the unfaithful servants. One was found doing his duty* when his lord returned, and was made ruler over all his goods. Yet the other, who did not do his duty, was surprised by his lord's coming and was chased away.

He told them the story of "The Ten Virgins*" who went with their little lamps to meet a young man on his way to his marriage feast. Five of them took oil to fill their lamps, and five took no oil with them. They waited for him a long time, and they all fell asleep. At midnight,* there was a cry.

"Look, He is coming! Go and meet Him!"

Then they all arose and lit* their lamps, but five of the lamps had gone out. The foolish women who had brought no oil had to go buy oil. When they went to buy, the young man came. The women that were ready went in with him to the marriage, and the door was shut.*

---

slope 비탈, 경사면 **draw about** 다가가다 **scatter** 흩어지다 **duty** 일, 임무 **virgin** 처녀 **midnight** 한밤중, 자정 **light** (불을) 켜다 **shut** 닫힌

Afterward, the five thoughtless* ones came to the door.

"Lord, Lord, open to us!" they cried.

"I know you not," was the answer.

His last story was about the end of the world. The people of all nations would be gathered together, and the good people would be separated from the bad.

"When I was hungry, you gave Me meat. When I was thirsty, you gave Me a drink. When I was a stranger, you took Me in. When I was naked, you clothed Me. When I was sick, you visited Me. When I was in prison, you came to Me," the Lord said to the good people listening to Him.

The people listening were astonished.

"Lord, when did we do these things?" they asked.

"When you do it for one of My brothers or sisters, you do it to Me."

To the false and the evil, He could not

say these things.

"When you do not help your neighbor, you do not help Me," He told them.

Those who live a life of love and service choose eternal life, but those who live a life of selfishness* choose death.

---

thoughtless 생각 없는 selfishness 이기심

Chapter 39

The Holy Supper

예수는 제자들과 최후의 만찬을 같이 하면서
그들을 향한 자신의 사랑과 앞으로 그들이 해야 할 일을 당부한다.
또한 예수는 자신을 배신할 자로 유다를 지목한다.

There were two more days before the Passover Feast when Jesus would eat supper with His disciples. He spent the time with them trying to help them get ready for all the work they would have to do. They still believed that some great miracle would be done around them like light in the darkness. They hoped that everyone in Israel would realize that Jesus was the Son of God.

Judas had secretly* hoped that Jesus would be King, and that His disciples would be honored with riches and power. Yet, little by little, this hope had been dying, and little by little his heart had been turning away from Jesus.

The high priest and the elders were plotting* against Jesus in their council.* Judas secretly went to meet them. He loved money more than everything else.

He went to the Temple and asked to be taken before the rulers.

"What will you give me if I bring Him to you?" he asked them.

They gave him thirty pieces of silver. Judas would tell them when and how to

---

secretly 남몰래 **plot** 음모를 꾸미다, 모략하다 **council** 의회

find Jesus.

On Thursday morning, the first day of the Feast, Jesus sent Peter and John to prepare a place where He could hold the supper with His disciples in the evening. A lamb had been killed at the Temple, the feast prepared, and the Lord sat down with the twelve. It was the last time that He would eat with them before He suffered, and it was to be the first Holy Supper of the Christian Church.

"I wanted to eat this Passover with you before I suffer," He said. Before Him were the bread, the wine, the water and the herbs,* while the lamb was on a side table. After the blessing and the thanks, the Lord filled a cup with wine and water. He blessed it and passed it to His disciples.

Jesus stood up and filled a tub* of water. He began to wash their feet. They had been arguing about who would sit next to

Jesus and who Jesus loved the most.

The disciples looked astonished, for their Master was doing the work of slaves.*

"Lord, are you washing my feet?" Peter cried.

"You do not know what I am doing now, but you will know after," replied Jesus.

"You shall never wash my feet," said the loving Peter.

"If I do not wash you, you have no way to say goodbye to Me."

"Lord, not my feet only, but also was my hands and my head!"

When He sat down with them again, He talked tenderly* to them of serving each other as He had served them.

"But one man who betrayed* Me is seated here," said Jesus. Then the

---

herb 풀, 약초 **tub** 물통 **slave** 노예 **tenderly** 부드럽게 **betray** 배신하다

disciples began to ask sorrowfully among themselves who it could be. Even Judas, close beside Him, asked the same question, but the disciples did not hear the Lord's reply. Peter told John to ask Jesus.

"I will give a wet cloth to that man," whispered* Jesus to John, and He gave it to Judas Iscariot.

"What you are about to do, do quickly," Jesus whispered to Judas. Judas angrily stood up from the table and went out into the night. Alone with His faithful friends, the Lord took bread and blessed it and broke it, and gave it to them.

"Take, eat, this is My body," Jesus told them. "Do this to remember Me." And He took the cup. "Drink all of it, for this is My blood of the New Testament.*"

And so the Lord started the Holy Supper of His Church. John, the beloved disciple, wrote for us the wonderful and precious* words that the Lord spoke after the Holy Supper. They are full of a love for His children so deep and wide that we can never hope to measure* it.

Looking around upon His disciples, the Lord saw their troubled faces.

"Do not be troubled. If you believe in God, believe also in Me. In My Father's house are many mansions.* I go to prepare a place for you." He answered their questions, and He promised them the Holy Spirit of Truth would teach them all things, and make all the dark things clear. He also promised certainly* to come back to them.

After they had sung a holy song, they arose from the table, but they waited for the Lord's last words and His prayer. He

---

whisper 속삭이다 **New Testament** 신약 **precious** 귀중한, 소중한
measure 측정하다, 재다 **mansion** 큰 집 **certainly** 분명히

charged* them to be strong and live from Him, as a branch* lives from the vine.* He was the true spiritual Vine, and without Him they could do nothing. He told them of His great love for them, and that they must love one another through all the suffering that would happen to them.

They had to trust the Spirit of Truth, who would guide* them in all things. It would teach them the things He wanted to say to them, but which they were not yet able to bear.* And He promised that whatever they would ask from the Father in His name would be given them.

Then, lifting up His eyes to heaven, He prayed for His disciples, and for all disciples who would believe in Him. He asked that they might be one with each other and with Him as He was one with the Father.

After they became clean from the

evil that is in the world, they would be with Him forever in Heaven. After the prayer, they went out of the city, and over the brook* Kedron. They went into a garden where Jesus had often sat with His disciples.

---

charge 명령하다 **branch** 나뭇가지 **vine** 포도나무 **guide** 인도하다, 안내하다 **bear** 견디다 **brook** 시내

Chapter 40

The Night of the Betrayal*

기드론에 도착했을 때 예수는 세 명의 제자만 데리고
다른 이들로부터 거리를 둔다.
예수가 하늘을 바라보며 슬픔을 토로한 직후
배신자 유다가 대제사장과 장로들과 함께 예수를 잡으러 온다.

"Lord, where are You going?" Peter asked Jesus when they got to Kedron.

"Where I go, you cannot follow Me now, but you shall follow Me afterward."

"Lord, why cannot I follow You now?" said Peter. "I would die for You."

"It is true that you will deny* Me three

times before the rooster* crows,*" said Jesus. "Simon, evil spirits want to use you, but I have prayed for you, so you are safe. All of you will become angry with Me tonight."

Jesus took Peter and James and John with Him and away from the others.

"I am so full of sorrow, Father," Jesus said to Heaven. And there appeared* an angel in front of Him from Heaven, strengthening* Him. Then there was the sound of many footsteps,* and the light of torches* moving among the olive trees. Judas, leading a band* of priests, elders and captains of the Temple came toward the little group, and kissed Jesus.

"Judas, you betray Me with a kiss?" Jesus asked. "Whom are you looking for?"

---

betrayal 배신 **deny** 부인하다, 부정하다 **rooster** 수탉 **crow** (수탉이) 울다
appear 나타나다 **strengthen** 강하게 하다 **footstep** 발자국 **torch** 횃불
band 무리

"Jesus of Nazareth," they answered.

"I am He." Peter drew a sword* and struck at the high priest's servant in defense of* his Master.

"Put away* your sword," Jesus told him.

Then they took Jesus and bound* Him to lead Him away. The disciples ran away.* But John, the loving and beloved, came back and followed Jesus. So did Peter.

Chapter 41

Despised and Rejected* by Men

예수는 대제사장에게 끌려가 재판을 받고 사형을 선고 받는다.
베드로는 예수의 예언대로 그를 세 번이나 부인한다.
한편 예수가 죽임을 당하게 될 것을 알게 된 유다는 스스로 목을 맨다.

Jesus was first taken to Annas, the old High Priest, who sent Him to Caiaphas.

John went in with Jesus to the palace of the High Priest, but Peter stood outside the door, shivering* with fear.

---

sword 칼 **in defense of** ~을 지켜 **put away** 치우다 **bind** 묶다 **run away** 도망가다 **reject** 거절하다 **shiver** 떨다

"Aren't you one of that man's disciples?" a servant girl asked him.

"I am not," said Peter.

Three people asked him if he was a friend with Jesus. He denied. Then he heard the sound of a rooster crowing. He suddenly remembered what Jesus had told him. He looked over the crowds around the Temple. He saw Jesus, alone and bound, in front of the High Priest. That look broke Peter's heart, and he rushed* out of the place, and wept bitterly.*

There was a trial* in which Jesus was condemned* to die. They beat Him, insulted* Him, and yelled at* Him. But Jesus would not speak. He was like a lamb about to be killed.

"Tell us the truth!" Caiaphas cried finally. "Do You think You are the Son of God?"

"I am. You will see Me sitting next to

the right hand of God on the clouds in Heaven."

"How could You claim to be the Son of God?" the High Priest said with shock and disgust.* And they all condemned Him to death.

The next day, Jesus was taken away to Pilate.

Judas was watching the trials.

He did not think they were going to kill Jesus. He thought that God would save Him and make Him King. At last, he saw the Lord coming, pale,* suffering and bound and heard the people crying: "Death! Death!" He became terrified.* He had no friends to help him. He ran to the Temple and, finding some priests, begged them to take back* the money they had

---

rush 서두르다 bitterly 몹시, 비통하게 trial 재판 condemn 선고를 내리다
insult 모욕하다, 창피 주다 yell at ~에게 고함치다 disgust 혐오, 못마땅함
pale 창백한 terrified 놀란, 겁먹은 take back 도로 가져가다

given him.

"We don't care what you do with your money," they told him.

Then Judas threw the thirty pieces of silver on the floor, and ran from the place. Afterward, he was found outside the city, where he had hanged* himself.

Chapter 42

The King of Heaven at the Bar* of Pilate

예수는 로마 인 총독 빌라도에게 끌려가지만
빌라도는 예수를 벌하고 싶지 않아 그를 풀어 주려고 한다.
그러나 성난 유대 인 군중의 뜻에 굴복하여
예수를 십자가에 못 박으라고 명한다.

Pilate, the Roman Governor, was in his fine palace called the Praetorium. Next to that was The Hall of Judgment, where cases* were brought to the Governor to be judged.

---

hang 매달다 **bar** 법정 **case** 소송 사건, 판례

The morning light looked beautiful at the Temple, but there was a deep shadow over the friends of Jesus. Their Lord was being led through the streets of Jerusalem by Roman guards.* His mother and the women who believed in Him were in the city and saw Him. He looked pale and weak. The priests would not go into the Judgment Hall during Passover.

Pilate came outside and sat down upon the ivory* judgment* seat. He was a stern, proud man dressed in purple and white.

"Why do you want this Man to die?" asked Pilate, looking at the pure face of Jesus.

"If He were innocent, we would not have brought Him here."

"You can judge Him according to your law."

They replied that because the Romans were the rulers, it was not lawful* for them to put any man to death.* Pilate did not wish to have Jesus killed. He had heard of His miracles, and his wife believed in Him. He rose and went into the Hall, ordering the guards to bring Jesus to him.

"Are you the King of the Jews?" he asked Jesus.

"My Kingdom is not of this world," said Jesus.

"Are you really a king then?" asked Pilate.

"You say that I am a king. I was born to bring truth to the world. Everyone who knows the truth hears my words."

"What is truth?" asked Pilate. He looked at the people outside. The priests said that this Man was causing* the people from Galilee to Jerusalem to rebel* against their leaders.

---

guard 호위자, 경비원 **ivory** 상아 **judgment** 재판, 심판 **lawful** 합법적인
put ~ to death ~을 사형에 처하다 **cause** ~의 원인이 되다 **rebel** 반역하다

Pilate, hearing that Jesus was a Galilean, sent Him to the palace of Herod Antipas, who ruled over that province.* He was now staying in Jerusalem. Later, He was sent back to Pilate wearing thorns on his head and wearing a faded* purple robe.

The Roman soldiers thought it was funny to call Him a king. So they dressed Him like a fake* king and beat Him and made Him walk through the streets. Pilate made another effort* to set Him free. He questioned Him again and heard the complaints* of the Jews, but Jesus would not defend* Himself.

"Do You hear what they are saying about You?" said Pilate. "Why don't You say anything?"

Then Pilate thought he would beat Jesus to satisfy* His enemies, and then let Him go.

"You have brought this Man to me," he said to the priests. "But I found nothing wrong with Him. I will let Him go."

"Crucify* Him!" cried the people outside. "Crucify Him!"

A message was sent to Pilate from his wife.

"That man is good," she said. "I have suffered in a dream because of Him."

"What shall I do with Jesus?" Pilate asked the people.

"Let Him be crucified!" cried the people.

"Why, what evil has He done?" asked Pilate, but the cry was so great he could bear it no longer. He washed his hands.

"I am innocent of the blood of this Person."

"His blood is on us, and on our children," said the people.

So Pilate ordered Him to be crucified.

---

province 지방 **faded** 빛 바랜 **fake** 가짜의 **effort** 노력 **complaint** 불평 **defend** 변호하다, 방어하다 **satisfy** 만족시키다 **crucify** 십자가에 못 박다

Love and Death

예수는 십자가를 지고 사형장으로 간다.
열두 제자 중 요한만이 예수의 마지막 길을 끝까지 따라간다.
예수는 세상 사람들의 죄를 대신해 죽음으로써 그들에게 영생을 준다.

Jesus had been meeting and conquering evil all His life. He chose to die a painful and shameful* death, so He could be the Brother of the poor, the tempted, the suffering and the dying. He died to save people from their own evil. He died to give everyone eternal life. But the people could not see that He was dying for them.

Bearing* His cross,* He went forward* meekly* to death. When He fell beneath* the heavy cross, the Roman soldiers forced a passing stranger to* carry it. All along the street, women wept for pity as He passed, and there was sorrow in many hearts. Many people thought that He would save their nation from the Romans.

But the eleven disciples—where were they? They were in deep grief somewhere. Only one—John the Beloved—followed his Master down to death. With the suffering mother of Jesus and the faithful women disciples, he kept near his Lord. When they put His body upon the cross, they heard Him pray.*

"Father, forgive them, for they do not

---

shameful 부끄러운, 명예롭지 못한 **bear** 지다 **cross** 십자가 **forward** 앞으로 **meekly** 얌전하게, 패기 없이 **beneath** ~의 아래에 **force A to B** A에게 강제로 B를 시키다 **pray** 기도하다

know what they do!" He cried.

Two robbers* were crucified with Jesus, on His right and on His left. One begged Him to save him, and hated Him because He did not.

"Lord, remember me when You go to Your Kingdom," the other robber said.

"You will be with Me in Paradise," Jesus answered him.

He saw His mother standing by the cross with the beloved John and the faithful women who had been His friends.

"Woman, John is now your son!" Jesus told them. "John! Mary is now your mother!" And from that hour, John took her to his own home to love and care for her through the rest of her life.

Darkness came over the sky. Jesus thought of what He had done for the people. He looked down at the ground.

"It is finished! Father, take My spirit in

Your hands." Jesus had opened the way into eternal life.

---

robber 강도

Chapter 44

Love and Life

요셉은 빌라도에게 청해 예수의 시신을 거두고
자신의 집 정원에 마련한 돌무덤에 예수를 묻는다.
예수의 시신을 닦으려고 향료와 몰약을 가져온 막달라 마리아는
예수의 무덤 앞에 굴려 놓았던 돌이 치워진 것을 보고 깜짝 놀란다.

There was a good man of Arimathea named Joseph who was a disciple of Jesus, but not a fearless* one. He had not followed Jesus with the twelve, but he had loved Him. He begged Pilate to let him take the body of Jesus.

This Pilate gave him, and he, bringing

helpers, took the body from the cross and tenderly brought it to his own garden. There was a new tomb made out of the rock. Nicodemus and Joseph cleaned and buried Jesus's body in this tomb.

John took the mother of Jesus to a place to rest. His own mother, Salome, and Mary, the mother of James, and Mary Magdalene watched the burial* of Jesus. There were other women also, who helped to guard the body of the crucified Lord. On Friday night, they prepared spices* and ointments,* and rested on the Holy day.

But Roman soldiers came and watched the tomb, night and day. It was the first day of the week (now the Christian Holy Day) and very early in the morning. The streets were still, and the sun was just beginning to rise.

---

fearless 겁 없는 **burial** 매장 **spice** 향료 **ointment** 연고

Mary Magdalene ran out of the city to the tomb* in the garden, carrying her spices. When she reached the place, she saw no guards there. The heavy stone was rolled away from the door of the tomb. She became very afraid, and she ran to find Peter and John.

"They have taken away the Lord out of the tomb," she said. "We do not know where they have put Him."

Then Peter and John ran. John was the first to reach the tomb. The other women also had gone to the tomb early. They found the stone rolled past the door. They entered the tomb and saw an angel in white and were afraid.

"You seek Jesus of Nazareth who was crucified," he said. "He has risen from death. He is not here. Tell His disciples that He has gone to Galilee. There you shall see Him."

The Lord had left a special message for Peter. There were two angels. One stood at where Jesus's head had been, and the other stood at where His feet had been.

Peter and John found the linen* that had wrapped the Lord's body laid carefully aside.* They believed that Jesus had risen from the dead.

Mary Magdalene could not leave the empty* tomb until she had learned something more about the Lord. Weeping, she stood at the low door of the cave tomb. She looked in again and saw the vision of angels that the other women had seen.

"Why are you weeping?" they asked.

"Because they have taken away my Lord, and I do not know where they brought Him." As she turned to go out into the garden, she saw one angel standing there.

---

tomb 무덤 linen 아마 lay aside 옆에 놓다 empty 텅 빈

"Woman, why are you crying? Who are you looking for?"

She thought as she looked through her tears* that it must be the man who kept the garden.

"Sir, if you have taken Him out of the tomb, tell me where He is, and I will take Him away."

"Mary!"

It was the voice of Jesus. She hugged* His feet and began to cry.

"Tell the others that I will rise to My Father and their Father. Do not be afraid," He said. "Go tell My brothers to go to Galilee, and there shall they see Me."

When the women told all these things to the apostles who had come together to mourn* for their dead Master, they could not believe. But it was the first Easter.* The women who knew this secret felt blessed.

Chapter 45

The Evening of Easter

예수는 고향으로 향하던 글로바와 그의 친구 앞에 나타난다.
그들은 놀란 마음으로 예수의 제자들을 찾아가 소식을 전하는데
이때 예수가 제자들 앞에 모습을 드러내고
함께 식사하며 앞으로 할 일을 알려 준다.

It was that afternoon that two disciples went out to their home at Emmaus, a village about eight miles from Jerusalem. They had heard the stories of Mary Magdalene, and of Peter and John, and

---

tear 눈물　**hug** 껴안다　**mourn** 애도하다　**Easter** 부활절

they knew not what to believe.

As Cleopas and his companion* went westward* over the hills, they talked of all these strange things with low heads and sad hearts. Jesus was dead. How could they believe the women?

They saw a noble-looking* young Stranger who was following the same road as them. He greeted them.

"What are you talking about that makes you look so sad?" He asked them.

"Are You only a stranger in Jerusalem?" Cleopas said. "Don't You know what happened here?"

"What happened?" asked the Stranger.

"Three days ago, the priests killed a great Man called Jesus of Nazareth. We thought He was going to save us."

Cleopas also told the story of the women who had come from the tomb that morning talking of a vision of angels.

Then the Stranger began to speak to them of many things, and in words so full of wisdom and love. He told them that Jesus had to suffer these things to save the people. Where was their faith?

They came to the village where they lived, and the Stranger was leaving. They asked Him to come with them into the low white house nearby which was the house of one of them. And He went with them, and sat down with them to their evening meal.

Then another and strange beautiful vision was given at the sunset of the first Easter Day. The Stranger took bread and blessed it and broke it. As He handed it to each disciple their eyes were opened, and they knew Him. It was the Lord! But in a moment He had vanished* from their sight,

---

companion 동료, 친구 **westward** 서쪽으로 **noble-looking** 기품 있어 보이는 **vanish** 사라지다

and they could only wonder and believe.

They hurried back to Jerusalem to the friend's house where the disciples met. There they told the story of the Stranger to the eager disciples, and found that the Lord had also appeared to Peter.

In the middle of the joy and the wonder, they suddenly saw the Lord standing there.

"I wish you peace!" He showed them His hands. The wounds* from the nails were still there. He showed them His side.* He had been stabbed* there by a Roman spear.*

Then they were sure that He was the Lord and Master they had loved and followed. He asked them to touch Him. He asked to share their meal, and He ate of the broiled* fish and of the honeycomb.* After this, He talked lovingly with them. He told them what they must do in the future, and so the first Easter ended.

Chapter 46

The Lord's Last Days with His Disciples

도마는 예수가 다시 살아났다는 말을 믿지 않는다.
도마는 예수의 손과 옆구리를 만져 본 후에야 그의 부활을 믿는다.
이후 제자들은 갈릴리 호숫가로 가서 예수를 기다리고
예수의 말에 따라 그물을 던진 후 많은 물고기를 낚는다.

On Easter evening, when the Lord's friends were gathered, one of the eleven was absent.* There were others besides the apostles. They included Cleopas and his companion, and probably the women

---

wound 상처 **side** 옆, 옆구리 **stab** 찌르다 **spear** 창 **broil** 굽다
honeycomb 벌집 **absent** 결석한, 부재한

of Galilee, as well as Mary, and Martha, and Lazarus of Bethany. Thomas was not there. He could not believe that Jesus was alive again.

"Until I can touch the wounds on His hands and on His side, I will not believe."

A week passed, and the disciples were again gathered, and Thomas was with them. The doors were shut and guarded* as before.

The Lord suddenly appeared.

"Touch My hands and touch My side," Jesus said to Thomas. "Believe in Me." Thomas did not wait to touch the Lord.

"My Lord and my God!" he cried.

Soon after this, the apostles went away into Galilee, as the Lord had told them to do. There by the Lake they waited for Him. Peter, and James, and John were there, with Thomas, and Nathanael, and two others of His disciples.

"I'll go fishing," said Peter.

"We also go with you," said the others. They went out for a night with the nets on the Lake, but they caught nothing. In the morning, they saw someone waiting on the shore.

"Children, did you catch anything?"

"No."

"Throw the net on the right side of the ship, and you will find." This they did, and so heavy did the net become with fishes that they were not able to pull it up* into the boat.

"It is the Lord!" cried John.

Peter did not wait to reply. He threw himself into the Lake to swim toward His Master on the shore. The others followed in the ship dragging* the net with them.

"Bring the fishes you have now caught,"

---

guard 감시하다, 지키다 **pull up** 당기다 **drag** 끌다

He said. And Peter lifted the net filled with one hundred and fifty three fishes. They were silent with joy and wonder.

"Come and eat," Jesus said to them. Jesus ate for the third time with His disciples. John, the beloved disciple was there.

They talked as they ate, and Peter knew that the Lord trusted him to be an apostle, and teach the gospel of the Kingdom to all men. But he must have love and faith.

"When you are young you guide yourself, and walk wherever you want, but when you are old someone will carry and lead* you where you do not want to go," Jesus told him.

Afterward, Peter was crucified as his Lord had been, and then John remembered these words of the Lord about him. Then Jesus asked Peter and John to follow Him.

Chapter 47

"He Ascended* into Heaven"

예수는 제자들을 한 번 더 찾아가
그들에게 자신의 메시지를 세상에 전하라고 말한다.
그런 다음 예수는 제자들이 바라보는 동안 승천한다.

Once more, the Lord met His little company of followers. He told them to give His message to the people on Earth.

"Go and teach all people and all nations about Me," He told them. "Baptize them

---

lead 안내하다, 이끌다 **ascend** 오르다, 올라가다

and bring them to Me. I will always be with you."

It was about six weeks after His death that the disciples were again in Jerusalem where the Lord had told them to go and wait for the coming of His Spirit. He led them out over the Mount of Olives to Bethany.

As they climbed the hill above Bethany, the Lord could see all the places that He had been before he had been crucified.

He was about to leave the little group.

"Lord, will You ever come back to Israel?" they asked.

"It is not for you to know the time and the seasons. But you will see Me in Jerusalem, and in all Judea, and in Samaria, and all over the earth."

Then He blessed them, and while they were looking at Him, He was lifted above them on a cloud.

While they still gazed* toward heaven hoping perhaps to see Him again, two men in white clothing stood by them.

"You men of Galilee, why are you gazing up into heaven? This same Jesus will return again."

Then they worshipped God and returned to Israel to share what they had seen.

---

gaze 응시하다

Chapter 48

The Promise of the Father

예수를 믿었던 많은 사람들이 소모임을 갖는다.
믿는 사람 모두가 구세주 예수의 사랑으로 함께 나아간다.
사람들은 더 이상 자신만을 위해 살지 않고 서로를 위해 살아간다.
그리고 구원과 영생을 준 주 예수 그리스도를 찬양한다.

The disciples of Jesus waited while praying for the Holy Spirit to come.

Peter did much to help the others, for his faith had grown stronger, and he was no longer afraid. Many people who had believed in Jesus joined the little band. They numbered one hundred and twenty at one of their meetings. The mother of Jesus was among them. At this meeting, Peter said that they should choose another disciple to take Judas's place. They chose Matthias.

The people began to pray in public. They were no longer afraid of the priests, because the priests were afraid. An earthquake* had come, and someone had ripped* the cloth in the Temple.

Fifty days after Passover, the people were praying together. Suddenly, there came a sound from the heavens like the rushing of a mighty* wind. They also saw a flash of fire that looked like a tongue.

Then the silence was broken, and they all began to praise God in other languages.* Suddenly, the Spirit had given

---

earthquake 지진 **rip** 찢다 **mighty** 강력한, 거대한 **language** 언어

them the ability* to speak in different languages.

There were some good Jews present who had come from foreign countries to Galilee. When they heard the new Christians speaking their language, they were shocked. How could these poor people have learned their language?

Then Peter, strong in the power of the Holy Spirit, stood up and spoke to the people.

"Your daughters and sons will dream great dreams. And anyone who asks the Lord to save him will be saved."

Peter also spoke to the enemies of the Lord. He told them that the man they had killed and hated was the Son of God. He told them to ask for forgiveness.

Peter's words had the power of the Holy Spirit in them, so he changed the minds of many people.

"Men and brothers, what shall we do?" they asked each other.

Peter encouraged them to ask for forgiveness and become Christians. They would have eternal life. And that promise would also be given to their children and children's children.

It was a wonderful day for the Church of Jesus Christ, and for His Kingdom on Earth, for there were about three thousand who that day received baptism.

And all that believed were drawn together by the love of the Lord Jesus. They no longer lived for themselves, but for each other. There were no rich and no poor among them. They sold their possessions* and shared their money together. In the Temple, they ate together. They comforted each other

---

ability 능력 possessions 소유물, 재산

through hardships* and trials.* And they worshipped their Elder Brother who had saved them and given them eternal life.

---

hardship 곤란, 압제 **trial** 시험, 시도

전문번역

천사들의 출현

p.16 사가랴라는 늙은 제사장이 있었는데, 그는 헤브론의 구릉 지대에 살았다. 헤브론은 유대 민족의 아버지인 아브라함이 살던 곳이었다. 사가랴는 예루살렘으로 갔다. 성전에서 기도할 때 사가랴는 천사 한 명이 연기 속에 서 있는 것을 보았다. 그 선한 제사장은 깜짝 놀랐다.

p.17 "두려워하지 마라." 천사가 말하고, 사가랴와 그의 아내 엘리사벳이 요한이라는 아기를 낳게 될 것이라고 약속했다. 그 아기는 구세주를 위해 길을 닦으려고 태어나는 것이었다.

그것은 사가랴가 믿기 어려울 정도로 너무나 놀라운 일이었고 성전에서 나왔을 때 그는 말을 할 수 없었다. 사람들은 그가 하나님께 계시를 받은 것이라는 것을 깨달았다.

몇 달 후 천사 가브리엘은 갈릴리의 언덕들 사이 고지대에 위치한 나사렛이라는 작은 마을로 갔다. 그리고 마리아라는 젊은 처녀에게 말했다. 그녀는 전에 한 번도 천사를 본 적이 없었고 또한 두려워했다.

"마리아, 너는 하나님의 은총을 받았다." 천사가 그녀에게 말했다. "하나님께서는 세상의 모든 여인들 중 너를 가장 마음에 들어 하신다." 그러고 나서 천사는 마리아에게 그녀가 하나님의 아들의 어머니가 되어야 한다고 말했다. p.18 그 아들의 이름은 예수가 될 것이다.

"저는 하나님의 종입니다." 마리아가 대답했다. "저는 주님을 위해 어떤 일이라도 할 것입니다."

천사는 하늘로 사라졌다.

마리아는 천사의 말에 너무 놀라 자기 사촌인 엘리사벳을 만나러 갔다. 마리아는 푸른 골짜기들과 비옥한 평야들을 거쳐 요단강을 따라 갔다. 마리아는 자신을 훌륭하고 현명하게 만들어 달라고 하나님께 기도했다. 여행은 나흘이 걸렸지만 마리아는 두려워하지 않았다. 왜냐하면 하나님께서 자신과 함께 계신다는 것을 알기 때문이었다.

나흘째 되던 날, 마리아는 거룩한 도시 예루살렘을 지나 길을 재촉했고 헤브론 언덕으로 올라가서 엘리사벳의 집으로 갔다. 엘리사벳과 마리아는 서로에게 천사 가브리엘이 전한 놀라운 이야기를 말해 주면서 마음에는 기쁨이 충만했다.

마리아는 사촌 엘리사벳과 석 달을 보냈고, 많은 것들을 배웠다. 나이

든 제사장과 그의 아내인 엘리사벳은 지혜롭고 선했기 때문이었다. p.19
나사렛으로 돌아왔을 때 마리아는 자신이 받은 계시에 대해 아무에게도 말하지 않았고, 심지어 어머니나 선한 목수인 요셉에게조차도 말하지 않았다. 요셉은 마리아의 남편이 되기로 약속되어 있었다. 그러나 어느 날 밤 천사가 요셉에게 와서 그에게 말을 건넸다. 천사는 요셉에게 예수에 대해 이야기해 주었다.

그런데 요셉과 마리아는 다윗 왕가의 후손이었고, 그들은 새로운 왕이 오기로 약속되어 있다는 것을 알고 있었다. 그리고 유대 인이 로마 인의 종이 되었지만, 새로운 왕인 예수가 그들을 해방시켜 줄 예정이었다.

로마 황제는 인구수를 헤아리기 위해서는 모든 유대 인들이 그들의 고향으로 가야 한다고 했다. 황제는 자신의 제국에 유대 인이 몇 명이나 있는지 알고 싶었다. 그래서 마리아와 요셉은 베들레헴으로 가야 했다.

p.20 베들레헴으로 왔을 때, 요셉과 마리아는 그곳이 또한 황제를 위해 호적을 올리려고 고향으로 온 사람들로 가득 찼고 여관에는 그들이 묵을 방이 없다는 것을 알게 되었다. 겨울이었으므로 여관 주인은 요셉과 마리아를 밖에 내버려두고 싶지 않았다. 주인은 그들이 마구간에서 나귀들과 황소들과 함께 머무는 것을 허락해 주었다.

하늘나라의 주인이 태어난 곳이 바로 이 누추한 마구간이다. 그는 가난한 이들을 돕고 세상을 구하기 위해 왔기 때문에 궁전 대신에 마구간을 골랐다.

근처의 들판 저 밖으로는 양 떼를 돌보는 목자들이 몇 명 있었다. 이 추운 밤에 목자들은 담요를 두르고 앉아 별을 바라보았다.

그러나 갑자기 천사 한 명이 목자들 옆에 섰고 아주 환한 빛이 비추었으므로 그들은 겁을 먹었다.

"두려워하지 마라!" 천사가 말했다. "다윗 왕의 도시에서 방금 하나님의 아드님이 태어나셨다." p.21 그리고 천사는 목자들에게 그들이 마구간에서 태어난 아기를 발견할 것이라고 말했다. 목자들은 하나님을 찬양하는 노래를 불렀고, 천사는 하늘로 사라졌다.

"베들레헴으로 가세." 목자들은 서로에게 말했다. 그리고 목자들은 서둘러 갔다. 목자들은 천사가 말해 준 대로 바로 그곳, 즉 마구간에서 신성한 아이와 함께 있는 마리아와 요셉을 발견했다. 목자들은 베들레헴 사람들에게 자신들이 보았던 천사와 들었던 이야기에 대해 말했고 사람들은 몹시 놀라워했다. 하지만 마리아는 침묵했다. 마리아는 조용히 기도하기를 원했다.

신성한 아이가 태어난 지 여드레가 되었을 때, 그의 부모는 그 아이를 예수라고 불렀다. 나중에 그들은 모든 유대 인 어머니들이 해 왔던 봉헌을 하려고 예수를 예루살렘에 있는 성전으로 데리고 올라갔다. p.22 만약 아이가 장남이면 그들은 약간의 돈과 함께 양 한 마리 또는 비둘기 한 쌍을 바쳐야 했다. 요셉은 마리아에게 비둘기 한 쌍을 사 주었고 그들은 성전의 아름다운 출입문에 있는 흰 계단을 올라갔다.

마리아는 여인들의 마당 문 앞에서 제사장에게 비둘기를 바쳤고, 그동안 요셉은 제사장의 축복을 받으려고 신성한 아이를 남자들의 마당으로 데리고 갔다. 모든 일이 끝나고 그들이 떠나려고 했을 때, 시므온이라고 하는 늙은 남자가 그들을 보았다. 시므온은 아이를 안아 보게 해 달라고 간청했다. 시므온은 하나님의 아들을 보기를 소원해 오던 선한 사람이었다.

"주님, 제가 평온히 죽을 수 있겠습니다." 시므온이 말했다.

그러고 나서 성전에 사는 아주 나이가 많은 안나라는 여자 선지자가 와서 하나님께 감사를 드렸다. 안나는 사람들에게 하나님의 아들이 이스라엘에 왔다고 말했다. p.23 마리아는 아무 말도 하지 않았고 왜 자신이 신성한 아이의 어머니로 선택 받았을까 하고 궁금하게 여겼다.

이때로부터 7개월 전에 사가랴와 엘리사벳 사이에도 아들이 태어난 바 있었다. 이웃들은 아버지의 이름을 따서 아기의 이름을 짓기를 바랐지만, 엘리사벳은 아들을 요한이라고 이름 짓고 싶어 했다. "아들의 이름은 요한이라 불릴 것이다." 여전히 말을 할 수가 없었던 사가랴가 종이에 썼다. 그러자 사가랴의 입이 열렸고, 그는 말을 하고 하나님을 찬양하기 시작했다. 사람들은 요한이 어떤 사람이 될지 궁금해했다.

요한은 자랐고, 젊은 시절에 그는 사막으로 살러 갔는데, 그곳에서 하나님에 대해 배우고 선지자가 되고 전도사가 되었다.

별을 따라가다

p.24 요셉과 마리아, 그리고 신성한 아이가 여전히 베들레헴에 머물고 있는 동안 현자들 몇몇이 동쪽 나라에서 예루살렘으로 왔다.

이 사람들이 누군지는 아무도 모르지만 그들은 파사에 살고 있던 유대 인이었을지도 모른다. 그들은 아마 별을 연구해 오고 있었을 것이다. p.25 이 현자들은 '박사'라고 불렸다. 그들은 위대한 자가 이 무렵 태어날 것이고 그가 유대 인의 왕이 될 것이라고 들은 바 있었다.

박사들이 신기하고 아름다운 별을 가까이에서 봤을 때, 그들은 그 별이 자신들을 그 왕에게 안내해 줄지를 가서 알아보려고 준비했다. 그들의 종들은 음식과 물, 그리고 몇 가지 값비싼 선물들을 낙타에 실었다. 박사들은 부자였기 때문이었다.

박사들에게는 건너야 할 황색 모래사막들이 있었고 뜨거웠던 하루가 저물 무렵에는 지쳤다. 밤이면 그들은 그 아름다운 별이 하늘에 낮게 떠 빛을 내는 것을 보았다. 박사들은 아침에 별이 사라지기 전에 그 별을 따라갔다.

박사들은 유대 인들이 사는 푸르게 녹음이 우거진 산에 도착하자 기뻤다. 아마도 그들은 모두가 새 왕에 대해 듣고 사람들이 축하하고 있는 것을 발견하리라고 기대했겠지만, 축하를 하고 있는 사람은 아무도 없었다. p.26 "유대 인의 왕은 어디에 계십니까?" 그들은 물었고 사람들은 놀랐다. 사람들은 이 사람들이 누구인지 궁금해했다. 박사들은 부유한 영주들처럼 보였다!

박사들은 왕을 찾아 예루살렘을 뒤졌고 헤롯 왕은 그들에 대해 듣고 걱정이 되었다. 헤롯 왕은 항상 유대 인의 왕이 되기를 바랐다. 헤롯 왕은 이 왕에 대해 알아보기 위해 부하들을 보냈다. 헤롯 왕은 유대 인들이 어떤 왕이 와서 자신들을 다스릴 것이라고 믿는다는 것을 알게 되었다.

그러자 헤롯 왕은 이 현자들을 왕궁으로 오게 했는데, 왜냐하면 헤롯 왕에게는 은밀한 계획이 있었기 때문이다. 박사들은 시온 산에 있는 아름다운 헤롯 왕의 궁전에서 새로 태어난 왕을 찾을 수 있기를 바랐다. 하지만 박사들은 오로지 침울한 그 늙은 왕만이 자신들을 있을 뿐임을 발견했다. 헤롯 왕은 그들에게 그 별과 그들이 무슨 일을 하고 있는지에 대해 물었다.

"가서 그 어린아이를 찾으시오, 그리고 그 아이를 찾게 되면 내게 알려 주시오." 왕이 박사들에게 말했다. p.27 "나도 그 아이를 경배하고 싶소."

박사들은 베들레헴에 대해 듣게 되어 매우 기뻤다. 왕궁을 떠날 때, 박사들은 그 별이 빛나고 있는 것을 보았다. 별은 멀리 있는 작은 집 위에서 빛나고 있었다. 그러자 박사들은 커다란 기쁨으로 마음이 들떴다. 왜냐하면 박사들은 그들의 긴 여정의 끝에 다다랐고 자신들의 왕을 찾았기 때문이었다!

마리아와 요셉이 머물고 있는 집에 갔을 때, 박사들은 종들에게 선물을 풀라고 시키고 안으로 들어갔다. 그리고 나서 박사들은 아름다운 젊은 어머니와 신성한 아이를 발견했다. 박사들은 아이 앞에 절을 하고 선물을 바쳤다.

박사들은 즉시 떠나지 않았다. 그들은 베들레헴에서 그날 밤을 묵었고, 하나님께서는 꿈속에서 예수를 발견했다고 헤롯 왕에게 고하러 돌아가서는 안 된다는 것을 알려 주셨다. p.28 박사들은 요셉에게 자신들의 꿈 이야기를 해 주었고, 다음날 아침에 떠났다.

애굽으로의 탈출

p.29 현자들이 떠나고 몇 시간 후 마리아와 요셉은 같은 길을 따라가야 했다. 요셉은 꿈속에서 아이와 아이의 어머니를 데리고 애굽으로 들어가야 한다는 충고를 받았다. 요셉은 돌아오라는 말을 들을 때까지 머물러 있어야 한다고 들었다. 헤롯 왕이 예수를 죽이고 싶어 하기 때문이었다.

p.30 그들이 밤에 길을 갈 때, 마리아의 심장이 빠르게 박동했다. 마리아는 예수를 꼭 안았다. 그들은 멀어질 때까지 쉬지 않았다. 일주일 후 그들은 애굽의 국경인 나일 강에 도착했다. 그들이 국경을 건너고 나면 헤롯 왕의 군인들은 그들을 쫓아올 수 없었다.

그들은 동방의 현자들이 그들에게 준 금을 가지고 있었고 요셉은 나무로 많은 물건들을 만드는 법을 알고 있었으므로 그들은 애굽에서 조용히 살며 기다렸다.

헤롯 왕은 박사들이 어린 왕에 대해 자신에게 아무 말도 해 주지 않고 가 버린 것을 알았을 때 몹시 화가 났다. 헤롯 왕은 몹시 화가 나서 베들레헴에 있는 모든 사내아이들을 죽이라고 군인들에게 명령했다. 그래서 베들레헴에서 두 살 이하의 모든 사내아이들이 죽임을 당했다. 하지만 애굽에 있던 예수는 무사했다.

p.31 그들은 애굽에서 약 1년 동안 살았는데 그 무렵 병들고 불행했던 헤롯 왕이 죽었다. 천사 한 명이 어느 날 밤 꿈속에서 요셉에게 나타나 그에게 이스라엘로 돌아가라고 말했다.

그들은 다시 고향으로 갈 수 있다는 것을 알게 되어 기뻤다. 요셉은 예루살렘과 베들레헴이 있는 이스라엘 땅덩어리이자 그의 조상들의 도시인 유대로 가고 싶어 했지만, 헤롯 왕의 아들이 유대를 다스리는 왕이 되어 있었다. 그래서 요셉은 꿈속에서 갈릴리로 가라고 들었다.

갈릴리에는 나사렛이 있었고 그곳은 요셉과 마리아 두 사람이 모두 전에 살던 곳이었다.

나사렛의 소년

p.32 나사렛은 갈릴리 언덕들 가운데 높이 자리 잡은 작은 마을이었다. 그곳은 여전히 그곳에 위치해 있지만 예수가 거기에 살던 때만큼 크지는 않다. 그 시절 갈릴리에는 도시와 마을이 가득했고 남자와 여자들은 들판과 정원들 사이에서 바쁘게 움직였다. 아름다운 갈릴리 호숫가에는 어부들의 배가 줄지어 있었다.

p.33 나사렛은 호숫가의 북적이는 도시들보다 조용했다. 그곳의 길들은 좁고 가팔랐으며, 돌계단으로 집집마다 이어져 있었다. 여인들은 샘터에서 모두 다 만나곤 했다. 여인들은 샘터에서 머리 위에 물동이를 이고 날랐다.

마리아는 종종 꽃밭에서 놀게 하려고 예수를 이곳으로 데려갔다. 예수가 조금 더 자랐을 때는 집 근처 바위 언덕에 오르거나 어머니 아버지와 함께 언덕 꼭대기에 오를 수도 있었다. 예수는 낙타들과 상인들이 다른 나라들로 이동하는 것을 지켜보았다.

때때로 그는 요셉이 나무 하는 것을 돕기 위해 요셉과 숲으로 가기도 했다. 흰 돌로 지어진 방에서 그는 요셉이 나무로 여러 가지 물건을 만드는 것을 지켜보았다. 더 나이가 들었을 때는 아버지가 물건을 만드는 것을 도왔다.

p.34 예수는 유대 인 아이들이 하듯이 어릴 적에 집에서 읽고 쓰는 법을 배웠다. 그런 다음 회당 안에 있는 학교에 다녔는데, 회당은 유대 인들의 교회였다. 예수는 상냥하고 남을 배려하는 아이였다. 책을 읽는 동안 예수는 미래의 왕에 대해서 궁금해했을지도 모른다.

예수가 열두 살이 되었을 때 그의 부모는 그를 예루살렘의 유월절 축제에 데려갔다. 예루살렘으로 가는 여정은 축제였다. 왜냐하면 나사렛의 거의 모든 집에서 온 무리들이 동행했기 때문이었다.

행복한 무리들은 말과 낙타, 나귀를 타거나 혹은 걸어서 예루살렘 시에서 열리는 유월절 주간을 기리기 위해 집을 나섰다. 소년 예수가 예루살렘을 방문하는 것은 그때가 처음이었고, 튼튼하고 어여뻤던 예수는 요셉의 옆에서 걸었다.

p.35 마리아는 아들이 무슨 생각을 하고 있는지 궁금했다. 예수는 하나님의 도시로 가고 있었다. 그곳에서 예수는 언젠가 왕이 될 것이다.

사람들이 공공 대로에 도착했을 때, 그들은 다른 순례자들이 거룩한 도시로 올라가고 있는 것을 발견했고 그들의 깃발을 통해서 그들이 어떤 부족이고 어느 도시에서 왔는지 알 수 있었다. 그 사람들은 여행 내내 음악을 연주하고 노래했다.

가파른 여리고의 길과 감람산을 올라갔을 때, 그들은 햇살 속에 빛나는 아름다운 예루살렘을 보았다. 예루살렘의 두터운 성벽들에는 많은 탑이 있었다. 그곳의 대리석 궁전들과 성들, 정원들은 아름다웠는데, 그 중에서 무엇보다도 성전이 가장 훌륭했다. 햇살이 금으로 만든 성전의 지붕 위에서 불길처럼 빛났다. 사람들은 소리치고 기쁨의 노래를 불렀다.

p.36 수천 명의 다른 사람들처럼 그들도 성벽 바깥쪽에 천막을 세웠다. 그들은 유월절 저녁 만찬을 함께 먹은 후 성전 안으로 들어갔다.

예수는 그 성전을 사랑했음이 분명하다. 다른 소년들은 먼 나라에서 온 이방인들을 구경하는 것을 아주 좋아했고 시장을 누비며 돌아다녔지만 예수는 성전 안에 있었다. 예수는 흰색 사제복을 입은 제사장들과 제단들과 제물들을 보았다.

예수는 보라색과 황금색의 멋진 장막들을 보았고 성전의 성가대들이 노래로 서로에게 화답하는 것을 들었다. 그는 또한 날마다 사람들을 가르치고 질문에 답하는 나이 많은 랍비들도 보았다.

나사렛에서 온 일행이 고향길에 올랐을 때 마리아는 아들을 찾았다. 마리아는 아들에 대해서 걱정하지 않았었다. 왜냐하면 아들이 다른 아이들이나 친척들과 같이 걷고 있을 것이라고 생각했기 때문이었다.

하지만 요셉이 아들이 그들과 함께 있지 않다는 것을 발견했을 때, 그들은 두려움과 걱정이 가득하여 그 길고 가파른 길을 도로 넘었다. p.37 그들은 그들이 아는 사람들 전부에게 소년 예수를 보았는지 물어보며 예루살렘을 뒤졌다.

그들이 사흘 동안 찾아다니고 있는 중이었고 마리아의 마음이 거의 산산이 부서질 지경이었을 때, 그들은 랍비들 주위에 모여 있는 군중 틈바구니에 끼어 다시 성전으로 갔다. 예수가 연설을 하고 있었다. 마리아는 귀를 기울여 들었고, 예수의 간단하지만 놀라운 이야기를 들었을 때 심장이 멈추었음에 틀림없다.

때로는 예수가 질문을 했는데, 그 질문들에 나이든 선생들이 대답하지 못했다. 예수의 지혜는 그의 이야기를 들은 모든 사람들을 놀라게 했다. 그것은 랍비들의 지혜와는 다른 것이었는데, 그들은 하나님의 말씀을 설명하려고 많은 말을 사용했다.

p.38 어머니를 보았을 때 예수는 그녀에게 다가갔다.

"아들아, 여기에서 무엇을 하고 있느냐? 네가 아버지와 나를 겁나게 했단다!"

"왜 저를 찾으셨어요? 어머니는 제가 제 아버지의 일을 하는 것을 원하지 않으시는 거예요?"

그들은 예수가 어떻게 그렇게 쉽게 자신들을 잊을 수 있는지 썩 이해가 되지 않기는 했지만, 아마도 마리아는 천사가 그녀에게 해 주었던 말을 기억해 냈을 것이다. 예수는 바로 자기 아버지의 집에 있는 집에 있었던 것이다.

하지만 예수는 부모와 함께 고향으로 가는 것에 동의했다. 예수는 세상의 모든 아이들이 자신의 사례에서 배움을 얻기를 원했다.

예수는 자연이 성전보다 더 위대하다는 것을 발견했다. 별빛 아래에서 풀과 꽃 사이를 뛰어다니며 예수는 랍비들이 그에게 가르쳐 줄 수 있는 것 그 이상을 배웠다. 그리고 날마다 키가 자라듯 지혜에 있어서도 그는 성장했다.

어린 목수

p.39 예수의 생애에는 우리가 전혀 모르는 세월이 많이 있다. 그는 마리아와 요셉과 함께 나사렛에 살았고 그가 세상에 온 이유인 위대한 일을 준비하고 있었다. 그는 회당 안의 학교에서 빠르게 배웠다. p.40 그의 스승은 왜 그가 그렇게 지혜로운지 궁금해했을 것이 분명하다.

예수는 무척 겸손해서 그가 오만하다고 생각하는 사람은 아무도 없었다. 그는 무척 남을 배려했기에 모두에게서 사랑을 받았다. 그는 아마도 열네 살이 되었을 때 학업을 마쳤을 것이다. 그런 다음 그는 그의 아버지의 생업을 배우는 것을 선택하고 여러 가지 목재로 된 물건을 만들면서 아버지와 함께 일하기 시작했다.

나사렛 사람들은 집을 짓기 위해 흰 석회석을 사용했기 때문에 나무로 만들어진 집의 수는 아주 적었다. 하지만 나무는 배, 탁자, 벤치, 멍에, 수레에만 쓰이는 것이 아니라 쟁기, 안장, 그리고 지금은 우리가 다른 재료로 만드는 여러 가지 물건에도 쓰였다.

예수는 다른 사람을 돕는 것을 한 번도 거절한 적이 없다. 일이 험하거나 힘들어도 예수는 훌륭하게 그 일을 해냈다. 하지만 그는 거의 늘 사색에 잠겨 있었다. 그를 둘러싼 세상은 그가 하늘의 지혜를 얻을 수 있는 그림들과 이야기들로 가득했다.

p.41 예수는 사람들을 가르치기 시작했다. 그는 사람들이 잘 이해하도록 돕기 위해 이야기를 사용했다. 우리는 이 이야기들을 비유라고 부른다. 그가 꽃, 포도 덩굴, 올리브나무와 무화과나무, 밀밭, 목자와 양 떼, 그리고 어부들과 그들의 그물을 보는 곳이면 어디에서든 그는 그의 이야기를 해 주었다. 그 이야기들은 랍비가 가르치는 것보다 훨씬 간단하고 진실되며 아름다웠다.

랍비의 가르침에 대해 생각하면 생각할수록 그는 그 가르침이 얼마나 거짓되고 어려운지를 더 많이 알게 되었다. 랍비들은 규율과 율법에 대해서만 이야기했다. 그들은 사랑에 관해서는 한 번도 이야기하지 않았다.

나이가 들어감에 따라 예수는 때때로 별들을 바라보며 어떤 언덕에 앉아 있곤 했다. p.42 그는 세상의 모든 사람들에 대해 생각했다. 그는 하나님께서 세상을 얼마나 사랑하시는지 보여 주고 싶어 했다. 그는 사람들의 마음의 짐을 덜어주고 그들에게 하나님의 평화와 휴식을 주고 싶어 했다. 그는 사람들의 끝없이 많은 규율을 없애고 하나의 규율을 주고 싶어 했는데, 그것은 다른 사람들이 그들에게 해 주기를 바라는 대로 다른 이들을 대하라는 것이다. 그는 사람들에게 서로 사랑하라고 말하고 싶어 했다.

그는 자신이 진리의 스승이 되기 위해 나사렛 밖으로 나가야 한다는 것을 알았다. 하지만 그의 친구들은 그가 랍비가 되어 성전에서 사람들을 가르쳐야 한다고 생각했다. 그는 요셉이 죽은 후 어머니와 어린 남동생들, 여동생들을 보살피며 오랜 세월을 기다리고 나서야 나사렛을 떠났다.

광야의 목소리

p.43 예수가 나사렛을 떠나 진리의 스승으로서 그의 일을 시작했을 때 예수는 서른 살이었다.

엘리사벳과 사가랴의 아들이자 그의 사촌인 요한은 예수보다 6개월 전에 태어났고, 요단강 근처의 랍비였다. p.44 예수가 나사렛에서 조용히 살고 있는 동안에 요한은 성령과 함께 홀로 광야에 나와 있었다.

요한은 오직 하나님께만 가르침을 받는 선지자였다. 전도할 시기가 왔을 때 요한은 광야에서 나왔다. 요한은 요단강 위쪽의 강둑에서 소리치며 서 있었다.

"회개하라, 천국이 오고 있기 때문이다." 요한이 외쳤다.

요한은 머리카락을 한 번도 자른 적이 없었다. 요한은 낙타털로 짠 거칠거칠한 옷을 입었다. 요한은 오로지 메뚜기와 야생 꿀만 먹었다. 요한은 자기 생각은 전혀 하지 않는 것 같았지만, 세상에 오실 그분은 늘 생각하고 있는 것 같았다. 요한은 자신이 하나님의 아들을 위해 길을 닦는 '목소리'일 뿐이라고 말했다.

요한은 사람들에게 무언가 새롭고 기이해 보이는 일을 했다. 요한은 사람들에게 마음을 고쳐먹고 죄악으로부터 등을 돌리라고 했다. p.45 그러고 나서 요한은 요단강에서 사람들에게 세례를 베풀었다. 그는 사람들에게 그리스도의 왕림을 준비시키고 있었다.

수천 명이 요한의 말을 들으러 요단강으로 내려오고 있었다. 그들은 팔레스틴의 방방곡곡에서 왔고 예수도 왔다. 예수는 흰색과 푸른색으로 된 두꺼운 옷을 입었다. 겨울이라 날씨는 추웠다.

우리는 예수가 어떻게 요단강까지 여행을 했는지는 모르지만, 그가 가서 요한이 설교를 하는 동안 다른 이들과 서 있었다는 것을 안다.

이날 요한의 설교는 달랐다.

"여러분이 알지 못하는 분이 여러분과 함께 서 계십니다. 내게는 그분의 발을 만지는 것조차 과분합니다." 요한이 말했다.

이후에 예수가 세례를 받기 위해 내려왔다. p.46 요한은 예수가 어린 소년이었을 때 이후로 그를 본 적이 없었지만 그를 알아보았다.

"저는 당신께서 제게 세례를 해 주셨으면 합니다." 요한이 외쳤다. "왜 당신께서는 제가 당신께 세례를 해 드리기를 원하십니까?"

"지금은 나를 위해 이리 해 주시오. 그러면 훗날 그대가 필요한 것을 얻게 될 것이오." 예수가 말했다. 요한은 그의 주인에게 세례를 해 주었다.

따뜻하고 푸른 하늘에서 흰 비둘기 한 마리가 예수의 머리 주변으로 날아왔다. 예수는 기도하고서 그 비둘기를 올려다보았는데, 그 비둘기는 바로 성령이었다.

"너는 나의 사랑하는 아들이다" 하나님의 목소리가 들려왔다.

이것은 예수의 기도에 대한 응답이었다. 오직 예수와 요한만이 이 말씀의 뜻을 이해했다. 왜냐하면 그들은 성령과 함께 들었기 때문이었다. 다른 사람들에게는 그것이 맑은 하늘의 천둥소리 같았고 사람들은 그 이상한 청년에 대한 궁금함이 가득 일었다. 이 남자가 하나님의 아들이라고? 어떻게 그가 불과 성령으로 사람들에게 세례를 해 주겠는가?

p.47 요한은 부자들에게 가난한 이들과 나누어 가지라고 했다. 그리고 돈을 다루는 사람들은 정직할 것을, 군인들에게는 아무도 다치게 하지 말라고 말했다. 그들이 요한이 보여 준 죄악들을 포기할 준비가 되었을 때, 그들은 세례를 받고 새롭게 삶을 살 준비가 되었다.

사막의 예수

p.48 사람들은 약속 받은 하나님의 아들을 찾고 있었다. 그들은 그 사람이 요한이라고 생각했으나 그는 항상 자신은 그분이 아니라고 말했다. 요한은 그들에게 자기보다 더 위대한 누군가가 올 것이라고 말했다. 비둘기와 예수가 사람들을 생각에 잠기게 만들었다.

사람들이 생각에 빠져 있는 동안 예수는 홀로 강둑에 올라갔다. p.49 예수는 사해 너머 황량한 사막 지대인 광야로 들어갔다. 예수는 광야에 집이 있는 요한과 심지어 대화도 나누지 않았다. 예수는 자기 자신과 자신의 일에 대해 더 잘 이해할 필요가 있었다. 예수는 사람인 동시에 신이었다. 예수는 하나님의 목소리를 더 잘 듣는 법을 배워야 했다.

사막에는 모래와 바싹 마른 풀로 덮인 바위가 많았고 거대한 석회암 절벽들이 있었다. 콰란타나라고 불리는 거대한 절벽 하나에는 현재 동굴들이 가득하다. 그 동굴들은 예수가 걸었던 바로 그 길을 따라가고 싶어 한 사람들에 의해 바위 정면에서 베어진 것이다.

예수는 생각을 하고 있었다. 예수의 인간 본성은 희망, 두려움, 기도로 가득했다. 예수의 신적 본성은 힘과 약속, 평안으로 가득했다. p.50 예수는 음식에 대한 생각은 하지 않았고, 그곳에는 찾을 수 있는 먹을거리도 없었다. 그래서 예수는 밤에는 동굴에서 쉬고 낮에는 산을 누비고 다녔다.

예수는 유대의 광야에서 40일을 보냈다. 예수가 그곳에 있는 동안 악령이 예수를 괴롭히고 시험했으며, 모든 것이 끝나고 예수가 포기하지 않았을 때 그의 마음은 고요해지고, 자신의 일을 할 준비가 되었다.

"네가 만약 하나님의 아들이면 이 돌을 빵으로 바꾸어 보아라." 예수가 배가 고플 때 악령이 예수에게 말했다.

"사람은 빵만으로 사는 것이 아니라 하나님이 하신 모든 말씀으로 살 것이다." 예수가 대답했다.

그러고 난 다음 환영 속에서 예수는 깊은 골짜기 위에 위치한 거룩한 도시 안 성전의 탑 꼭대기에 서 있는 듯했다.

"네가 만약 하나님의 아들이면 아래로 몸을 던져 보아라." 악령이 말했다. "천사들이 너를 잡아줄 거야."

"사람은 하나님을 시험에 들게 해서는 안 된다."

p.51 그런 다음 또 다시 환영에서 예수는 매우 높은 산의 꼭대기에서 세상의 모든 왕국들을 보는 것 같았다.

"네가 나를 숭배한다면 나는 너에게 세상의 모든 왕국을 주겠다." 악령이 꼬였다.

"물러가라, 악마야!" 예수가 하나님의 힘으로 말했다. "사람은 오직 하나님만을 섬기고 숭배해야 한다."

우리는 예수가 나사렛의 그의 고향집과 모든 사람으로부터 떨어져 있던 이 긴 시간 동안 고통 받았던 일을 모두 다 알지는 못할 것이다. 하지만 예수는 우리를 위해 악으로부터 위대한 승리를 거두었다. 그래서 예수는 모든 시험 받는 자들의 큰형이자 친구가 되었다.

악의 힘과 겨룬 예수의 긴 싸움이 끝난 후, 천사들이 와서 천국의 힘과 평안을 가져와 그를 보살폈다. p.52 예수는 다시 요단의 골짜기로 들어갔고 자신이 사막에 있는 동안 봄이 왔음을 알았다. 요한은 여전히 설교하며 세례를 해 주고 있었다.

"보시오!" 예수가 왔을 때 요한이 사람들에게 말했다. "저분은 하나님의 아들이십니다! 저분은 우리를 죄에서 구해 주시려고 오셨습니다!"

첫 번째 제자들

p.53 다음날 이름이 요한과 안드레인 남자 두 명이 세례 요한과 이야기를 나누고 있었고 예수가 그 곁을 지나갔다.

"보아라, 이분이 하나님의 아드님이시다." 세례 요한이 말했다. 이 두 남자는 제사장이자 요한의 사도들이었지만, 그들은 몸을 돌려 예수를 따라갔다.

p.54 "당신들은 무엇을 찾고 있소?" 예수가 그들에게 물었다.

"랍비님, 랍비님은 어디에 사십니까?" 그들이 물었다.

"와서 보시오."

그들은 아주 기쁜 마음으로 갔다! 아무도 예수가 어디에서 어떻게 사는지 몰랐다. 하지만 그들은 예수와 함께 앉아서 이야기를 나누게 되어 기뻤다. 예수는 그들과 마찬가지로 젊은 남자였지만 그를 섬기고 싶게 만드는 훌륭한 정신이 그에게는 있었다.

안드레가 제일 먼저 한 일은 자기 형제 시몬 베드로를 찾으러 간 것이었다. 그들은 둘 다 갈릴리 호수에서 일하는 벳새다 출신의 어부들이었다.

"우리가 하나님의 아들을 찾았어!" 안드레가 말했고, 그들은 둘 다 예수에게 돌아왔다.

시몬 베드로를 보았을 때, 예수는 시몬의 마음속을 들여다보았다. 예수는 시몬이 이 세상에 천국을 가져오는 것을 도울 것임을 알았다.

p.55 "너는 요나의 아들, 시몬이다. 너는 베드로라고 불릴 것이다."

그리하여 사랑하는 자 요한과 순종하는 자 안드레, 믿는 자 베드로는 예수를 따르기 시작했다. 그리고 베드로의 강한 믿음은 돌과 같았다.

요한의 이야기를 들으러 온 벳새다 출신의 또 한 명의 남자가 있었다. 그의 이름은 빌립이었다. 예수는 그를 발견하고 그에게 따라오라고 했다. 그리고 빌립은 예수를 따르기만 한 것이 아니라 기뻐하며 자기 친구 나다나엘을 찾으러 갔다.

나다나엘은 하나님의 아들이 나사렛 사람이라는 것을 믿을 수가 없었다. 선지자들이 그가 베들레헴 출신일 것이라고 말했던 것이다.

나다나엘이 예수에게 왔을 때, 예수는 자애롭게 그의 마음속을 들여다보았다.

p.56 "보아라!" 예수가 말했다. "저 사람은 마음이 깨끗한 유대 인이

다."

예수는 나다나엘의 마음속의 천진난만함을 보았지만, 나다나엘은 어떻게 예수가 자신을 알 수 있었던 것인지가 궁금했다.

"빌립이 너를 부르기 전, 그러니까 네가 무화과나무 아래에 있을 때 나는 너를 보았다." 예수가 말했다.

그리고 나서 나다나엘의 온 마음은 예수에게로 돌아섰다.

"랍비님, 당신은 하나님의 아드님이십니다!" 나다나엘은 외쳤다. "당신은 이스라엘의 왕이십니다!"

나다나엘은 예수가 그리스도라는 것을 증명하기 위해 그 이상의 것을 필요로 하지는 않았지만, 예수는 나다나엘에게 그가 더 위대한 일들을 보게 될 것이라고 말했다.

나다나엘은 다섯 번째 제자가 되었다. 그의 이름은 바돌로매가 되었다.

첫 번째 기적

p.57 예수와 예수의 충실한 친구이자 제자가 된 다섯 사람은 갈릴리에 있는 그들의 고향집으로 걸어가기 시작했다. 때는 봄이었고 땅은 푸른 풀과 야생화가 피어 아름다웠다. 여행 도중에 제자들은 오직 예수의 말씀에 집중했다.

p.58 나사렛 근처 한 친구의 집에서는 혼인 잔치가 있을 예정이었다. 마리아와 그녀의 가족은 초대를 받았고 예수와 함께 온 친구들 또한 초대를 받았다. 그 집은 나사렛과 갈릴리 호수 사이의 가나라는 마을에 있었고, 그들은 신부를 보려고 일찌감치 언덕을 넘었다. 그러고 나서 신랑 아버지 집에서 열리는 잔치가 있었다.

모두가 포도주를 마시며 축하했다. 잔치가 끝나기도 전에 그들은 포도주가 모두 동이 난 것을 알았다. 그 가족은 포도주를 다 써 버린 것을 알고 당황했다.

"저들이 포도주가 없다는구나." 마리아가 예수에게 말했다.

"어머니, 제가 무엇을 도와드릴까요?"

"예수가 너희에게 하라고 하는 것은 무엇이든 하거라." 마리아가 하인들에게 말했다.

예수는 그들에게 여섯 개의 커다란 돌 항아리에 물을 채우라고 했다.

p.59 "이제 그 항아리들을 잔치를 여는 사람에게 가져가시오." 예수가 말했다. 그 항아리들을 식탁에 내어놓았을 때 물은 포도주가 되어 있었다.

이것이 기적의 시작이었다.

마리아에게 이 시기는 행복한 나날이었다. 왜냐하면 아들이 다시 돌아왔기 때문이었다. 예수와 그의 어머니, 그의 형제들과 제자들은 며칠간 갈릴리 호수 근처의 가버나움으로 내려갔다. 이곳, 그 푸르고 아름다운 호숫가에 베드로가 살았다.

아버지의 집에서

p.60 예수는 만족했고 행복했다. 예수는 자신이 아버지의 일을 하기 시작했다는 것을 알았다. 그가 사막에서 보낸 시간 이후에 예수는 자신의 인간성을 극복하는 법을 배웠다. 예수는 이 일이 완성될 때까지 그 일을 하게 되어 있었다.

3년 동안 예수는 새로운 왕국의 진리를 사람들에게 가르칠 예정이었고, 사랑이 이 세상으로 들어왔음을 보여 줄 예정이었다. p.61 예수는 이 세상의 죄를 가져가고 그 대신에 영생을 줄 예정이었다.

때는 다시 유월절 축제 기간 중이었고 예수와 그의 제자들은 가버나움 사람들 무리에 합류해 예루살렘으로의 즐거운 여행을 시작했다. 그들은 시온의 노래를 불렀다. 예루살렘의 모든 것이 움직이고 있었다. 양 떼와 소 떼는 성전 쪽으로 몰리고 있었고, 가까운 곳과 먼 곳에서 온 사람들이 거리를 메우고 있었다.

성전의 뜰로 들어섰을 때, 예수는 자신의 마음을 분노와 슬픔으로 채우는 무엇인가를 보았다. 양과 황소, 비둘기를 파는 상인들과 환전꾼들이 위대한 성전에 그들의 물건들을 가져온 것이었다. p.62 그들은 시끄럽게 물건을 사고팔고 있었고 주님의 뜰을 시장으로 바꾸어 놓고 있었다. 사람들과 동물들의 소리가 예배를 드리는 사람들을 방해했음이 틀림없다.

제사장들은 그 일을 허용했는데, 아마도 그들은 그렇게 하게 해 주는 대가로 돈을 받았을 것이다. 종들이 불충한 아버지의 집에 있는 아들로서 예수는 이 모든 물건이 있는 뜰에서 사람들을 내보내기 시작했다. 예수는 소리치며 모든 사람들을 성전에서 쫓아냈다.

"이 물건들을 가져가라!" 예수가 소리쳤다. "내 아버지의 집은 시장이 아니다!"

그리고 사람들은 왜 자신들이 이 이상한 청년에게 복종해야 하는지 의아하게 여겼지만 그렇게 했다.

예수는 기이하고 힘 있어 보였으므로 사람들은 귀를 기울이고 성전을 떠났다.

"왜 이러는 것입니까?" 유대 인들이 물었다. "왜 당신이 우리를 성전에서 쫓을 권리가 있다고 생각하는 것입니까?"

p.63 "이 성전을 허무시오. 그러면 사흘 후 내가 다시 성전을 세울 것이오." 예수가 대답했다.

예수는 그들이 이것을 이해하지 못할 것이나 그들이 예수를 죽인 뒤 사흘 후 그가 다시 살아난 후에는 이 말을 기억하게 될 것임을 알고 있었다. 예수는 자신의 육신에 대해 말한 것이었다.

유대 인들은 외면했다. 그들은 예수가 허풍을 떨고 있다고 생각했다.

하나님의 숨결에 관한 담화

p.64 예수는 유월절 축제 기간 동안 대부분의 시간을 성전에 있었다. 예수는 밖에 서 있는 사람들을 가르쳤다. 또한 그들 사이에서 기적을 행했고 많은 사람들이 그 기적 때문에 예수를 믿었다.

그러나 예수는 사람들의 마음을 알았고 그들을 믿을 수 없었다. 바리새 인들과 율법 박사들도 역시 서서 예수의 말에 귀를 기울였지만, 그들 중에 진정으로 예수를 믿는 사람은 한 명뿐이었다.

p.65 그는 바리새 인들 중 가장 지위가 높은 사람들 가운데 한 명이었지만 그의 마음은 대부분의 바리새 인들의 마음처럼 교만하지 않았다. 그의 이름은 니고데모였다. 니고데모는 예수와 이야기하기를 열망했지만 다른 바리새 인들이 뭐라고 말할까 봐 두려웠다.

어느 날 밤 니고데모는 몰래 도시를 빠져나와 예수를 찾았다. 북적이는 천막 안에는 조용히 이야기할 장소가 없어서 그들은 대화를 나누기 위해 밖으로 나가 나무 아래로 갔음이 분명하다.

"선생님, 저희는 당신이 하나님께서 보내신 선생님이시라는 것을 압니다. 하나님께서 그분과 함께 하시는 것이 아니라면 이런 기적을 행할 수 있는 사람은 아무도 없기 때문이죠."

예수는 니고데모의 마음을 꿰뚫어보고 그가 가장 듣고 싶어 하는 것을 알아냈다.

p.66 "사람이 다시 태어나지 않으면 하나님의 왕국을 볼 수 없는 것이 사실이다."

니고데모는 사람이 나이가 들었을 때 어떻게 태어날 수 있는지 이해할 수가 없었으므로 예수는 그것이 영적인 탄생이라는 것을 설명해 주었다. 바람이 그들의 머리 위에서 올리브나무의 잎들을 부드럽게 살랑살랑 흔들었다.

"바람이 불지만 너는 어디에서 그 바람이 불어오는지 알 리가 없다." 예수가 말했다. "바람의 소리를 들을 수는 있겠지만 너는 그 바람이 어디로 가는지는 모른다. 단지 네가 성령을 볼 수 없다고 해서 그것이 성령이 없다는 것을 뜻하지는 않는다."

니고데모는 종교란 율법을 따르는 것에 관한 것이라고 항상 생각해 왔으므로 깜짝 놀랐다.

"어떻게 이런 일들이 있을 리가 있겠습니까?"

예수는 니고데모의 영혼에게 성령에 관한 이야기를 해 주었다.

니고데모는 생명이란 인간의 몸속에 있는 하나님의 숨결이라는 것을 알게 되었다. 아마 니고데모는 나무들 아래에 있는 골짜기를 내려가며 나뭇잎 사이로 부는 바람의 소리를 들었을 때 자신의 몸속에서 하나님의 숨결을 느꼈을 것이다. p.67 밤의 고요 속에 가파른 길을 올라가 도시의 관문을 통과하면서 아마도 니고데모는 예수의 제자가 되겠다고 결심했을 것이다.

생명수에 관한 담화

p.68 유월절이 지난 후 예수를 믿고 세례를 받고 싶어 하는 사람이 많았으므로 그들은 예수와 그의 제자들과 함께 요단으로 내려왔다. 그리고 제자들이 사람들에게 세례를 해 주었다.

강가에서 역시 세례를 해 주고 있던 요한은 예수가 세례를 해 주고 있고 모든 사람들이 그에게 가고 있다는 이야기를 들었다. p.69 요한은 매우 기뻤다.

이후에 예수는 갈릴리로 돌아갔다. 예수와 제자들이 유대와 갈릴리 사이에 있는 사마리아 지방을 지나갈 때 그들은 정오에 수가라는 작은 마을 근처에 이르렀다. 유대 인들과 사마리아 인들 사이가 좋지 않았기 때문에 그곳은 갈릴리로 가는 길 중 가장 험난한 길이었다.

제자들이 마을 안으로 빵을 좀 사러 올라간 동안 예수는 골짜기에 있는 깊은 우물가에 앉아 있었다. 그 우물은 돌로 만들어졌고 햇볕으로부터 가려져 있었다. 이스라엘의 모든 부족들의 아버지 야곱이 그의 가족과 소 떼, 양 떼를 위해 몇 백 년 전에 이 우물을 팠던 것이다.

예수가 우물가에서 쉬고 있는 동안 한 여인이 물을 긷기 위해 마을에서 길을 내려왔다. p.70 예수가 마실 물을 부탁했을 때 그녀는 떠나려고 하던 참이었다. 그녀는 예수에게 조금의 물도 건네지 않았다. 왜냐하면 유대 인이 사마리아 인한테는 물 한 모금도 부탁하지 않을 것이라고 생각했기 때문이었다.

"만약 그대가 하나님을 알고 내가 누구인지 안다면 그대는 내게 물을 청했을 것이오. 그러면 나는 그대에게 이보다 좋은 물을 주었을 것이오."

여인은 물에 대한 예수의 이야기를 이해할 수 없었다. 예수는 언제나 어디서에나 생명에 대해 이야기하고 있었지만, 사람들은 그의 말을 이해하기에는 둔했다.

여인은 예수가 야곱의 우물에서 나오는 물보다 더 좋은 물을 어디에서 얻을 수 있는지 궁금해했다.

"이 물을 마시는 사람은 누구든 다시 목이 마를 것이오. 하지만 내가 주는 물을 마시는 사람은 누구든 다시는 목마르지 않을 것이오."

여인은 이 말을 들었을 때도 이해하지 못했다. p.71 예수가 그녀의 일생에 대해 이야기하기 시작했으므로 그녀는 깜짝 놀랐다.

"선생님, 선생님께서 선지자이신 것을 알겠습니다." 그녀는 사마리아 인들의 예배 장소였던 근처의 산에 대해 말했고 유대 인들이 예배를 드렸던 예루살렘의 성전에 대해 이야기했다. 그녀는 자신의 삶에 대해서는 이야기하고 싶어 하지 않았는데 그녀의 삶은 좋지 못했다.

"하나님은 성령이시고 그분을 섬기는 자들은 마음으로, 그리고 진심으로 섬겨야 하오." 예수가 대답했다.

"저는 하나님의 아들이 오실 것임을 알고 있어요." 그녀가 말했다.

"내가 바로 그 사람이오." 예수가 대답했다. 그러자 여인은 물 단지를 내버려두고 마을 사람들에게 말해 주기 위해 서둘러 떠났다.

그녀가 떠난 사이 예수의 제자들이 와서 예수께 식사를 하라고 간곡히 권했으나, 예수는 배고프지 않았다.

p.72 "내 음식은 일하는 것이고 사람들을 돕는 것이다." 그리고 예수는 자신이 해야 할 위대한 일에 대해서 생각했다.

그들이 골짜기를 따라 밖을 바라보았을 때, 사람들은 밭에서 일하고 있었다.

"보아라, 이제 4개월 후면 밭은 수확할 준비가 되어 있을 것이다."

예수가 수가에서 이틀을 머무는 동안 그곳에 있는 많은 사람들이 예수를 믿었다.

"이제 우리는 믿는다." 사람들은 그 여인에게 말했다.

회당 안의 예수

p.73 예수는 예닌의 골짜기를 지나 갈릴리로 돌아와 이스르엘 평야를 건너 가나까지 왔다. 그의 제자 나다나엘이 여기에 살았다. 예수가 가나에 있는 동안 가버나움에 사는 한 귀족이 이 작은 마을로 말을 타고 왔다. p.74 그는 예수에게 마을로 내려가 죽어 가는 자신의 아들을 낫게 해 달라고 부탁했다.

"그대는 기적을 보지 않으면 나를 믿지 않을 것이오." 예수가 말했다.

"제발요, 선생님! 제 아들이 죽어 가고 있습니다!"

예수는 그 남자가 정말로 자신을 믿는다는 것을 알았다.

"집으로 돌아가시오." 예수가 말했다. "당신의 아들은 살 것이오." 그러자 남자는 예수가 한 말을 믿고 떠났다. 그가 갈릴리 호숫가의 가버나움으로 내려가는 길에 하인 몇 명이 그를 만나러 왔다.

"도련님이 사시겠어요!" 그들이 외쳤다.

"언제 내 아들이 나아지기 시작했느냐?"

"어제 7시입니다."

그것은 그가 예수에게 말했던 그 시각이었다.

온 집안 식구의 마음에 기쁨이 충만했다. 그들은 축하하기 위해 다같이 모였다.

예수는 가나에서 나사렛까지 갔다. p.75 세례 요한은 헤롯 안디바에 의해 사해 근처의 음침한 감옥에 내던져져 있었다. 그는 헤롯 왕을 사악한 자라고 말했던 것이다.

집에서 어머니와 형제자매들과 함께 있는 동안 예수는 회당이 있는 마을로 갔다. 그곳에는 그 젊은 목수가 율법책에서 한 부분을 읽어 주기를 바라는 사람들이 많이 있었다.

노래가 끝난 후 읽고 가르치는 시간이 되었다. 예수가 이사야의 이야기를 읽었다.

"성령이 내 안에 있다. 주님께서는 가난한 이들을 돕기 위해 나를 선택하셨다. 주님께서는 마음이 아픈 자들을 치유하고 노예들을 돕고 보지 못하는 자들을 다시 보게 하시려고 나를 보내셨다."

읽기를 끝냈을 때, 예수는 책을 다시 둘둘 말아 대신에게 건네고 자리에 앉았다. 예수는 사람들을 가르치기 시작했다.

p.76 사람들은 쳐다보고 매우 주의하여 귀를 기울이고 있었다. 예수는 그들에게 자신이 바로 이사야가 700년 전에 말했던 바로 그 사람이라고 간단히 말했다. 예수가 하나님의 아들이었다. 그들은 놀라서 서로를 쳐다보았다.

"이 자는 요셉의 아들 아니야?" 그들은 서로에게 물었다. 요셉은 그들의 이웃이었고 예수는 그들 사이에서 자랐고 그들의 아이들과 함께 놀았다. 이 자가 미쳤나?

예수는 사람들에게 어떤 선지자도 자신의 고향에서는 사랑받을 리 없다고 말하기 시작했다. 하나님께서는 엘리야와 엘리사를 보냈듯이 선지자들을 이방인에게 보내셔야 했다. 사람들은 예수에게 화가 났다. 그 사람들 중 일부는 예수에게 교훈을 주고 싶어 했다. 그들은 예수를 억지로 벼랑 끝으로 데려갔다. 그들은 벼랑 너머 아래쪽의 바위로 예수를 막 던지려고 했다.

p.77 그러나 예수는 그저 조용히 언덕을 내려와 골짜기로 이르는 길을 걸었다. 아무도 예수를 건드리거나 다치게 할 수 없었다. 예수는 그곳에서 설교를 하려고 다른 마을로 걸어가기 시작했다.

아들이 나사렛 사람들에게 미움을 받는 것을 보았을 때 마리아의 마음에는 슬픔이 가득했을 것임이 분명하다.

그래서 예수는 그의 친구들과 제자들이 있는 가버나움으로 내려갔다. 후에 예수의 어머니와 형제들은 그곳에 있는 예수에게 갔다.

나중에 예수는 예루살렘의 한 종교 연회에 혼자 갔다. 거기 있는 동안 예수는 걸을 수 없는 불쌍한 사람을 치료했다. 예수는 베데스다라는 온천 근처에서 자리 위에 누워 있었다. 그 온천은 지붕으로 덮여 있고 다섯 개의 입구가 있었다. 여기로, 병자들이 온천물로 병을 치료하기 위해 친구들의 도움을 받아 왔다.

p.78 예수는 물에 들어가려고 38년을 기다려 온 친구 없는 한 불쌍한 남자를 보았다.

"온전해지기를 원하시오?" 예수가 그 남자에게 물었다.

그 남자는 왜 자신이 병을 치료할 수 없는지를 설명했다. 자신이 물로 들어가게 도와줄 친구가 없다는 것이었다.

"일어나시오. 누워 있던 자리를 들고 걸으시오." 예수가 말했다.

그는 당장 일어나 자신이 누워 있던 자리를 들고 걸었다.

유대 인들은 그 이야기를 들었을 때 화를 냈다. 안식일에 그 남자가 치료를 받았기 때문이었다. 예수는 그들에게 그들이 정말로 하나님을 믿을 수 없다면 결코 영생을 얻지 못할 것이라고 말했다.

어부들 사이에서

p.79 가버나움은 아름다운 갈릴리 호숫가에 있었다. 그 시절 그곳은 매우 분주한 도시였다. 예수는 이곳에 살면서 많은 병자들을 낫게 해 주었다. 베드로와 안드레, 그리고 야고보와 요한 역시 예수와 함께 살았다. p.80 마태는 직업이 사람들로부터 세금을 걷는 것이었는데, 예수가 지나가는 것을 보았을지도 모르겠다. 곧 그는 예수의 제자가 되었다.

아름다운 게네사렛 평야는 갈릴리 호수의 한 쪽 끝에 있다. 그곳에는 조개껍질이 널려 있는 백사장이 있다.

이 백사장에서 어느 봄날 아침 예수가 사람들을 가르치며 서 있었다. 사람들이 예수의 이야기를 들으려고 주변으로 가까이 모여들었을 때 예수는 물 아주 가까이로 밀려서 베드로의 배 안으로 발을 들였다.

야고보와 요한의 아버지 세베대의 배가 근처에 있었다. 그들은 자기들의 그물을 씻고 밤에 다시 고기잡이를 할 때까지 고기잡이에서 손을 떼고 있었다. 아침은 낚시하기에 좋은 때가 아니었기 때문이었다.

"다시 낚시를 시작하거라." 예수가 그들에게 말했다.

"스승님, 저희는 밤새 일했지만 고기 한 마리 잡지 못했습니다. 하지만 스승님께서 저희가 고기를 잡기를 원하시면 그렇게 하겠습니다." 베드로가 말했다.

p.81 갑자기 그들의 그물은 고기로 아주 가득해져서 그물이 찢어지기 시작했고 배는 가라앉기 시작했다.

"주님, 정말 죄송합니다. 제가 주님을 의심했습니다!" 베드로가 외쳤다.

"두려워하지 마라. 너는 이제 사람을 낚을 것이다."

베드로와 요한, 야고보는 자신들이 기독교 교회의 창설자가 되리라는 것을 그 당시는 몰랐다.

병을 낫게 하는 예수의 손

p.82 가버나움에 있는 회당은 매우 아름다웠다. 그곳은 흰 대리석으로 만들어졌다.

어느 날 아침 예수가 안으로 들어가 학식이 깊은 랍비들 사이에 앉았다. 왜냐하면 예수는 나사렛 근처에 왔을 때 사람들에게 설교를 하고 싶어 했기 때문이었다. 사람들은 예수를 알았고 그를 사랑했으며 그곳은 그의 이야기를 들으려는 사람들로 북적였다.

p.83 예수는 선생의 자리로 갔고, 모든 사람들이 서 있는 동안 그는 앉아서 그들을 가르쳤다. 사람들은 항상 그랬듯이 예수의 말을 의아하게 생각했다. 그의 이야기가 랍비들의 이야기와는 달랐기 때문이었다. 그것은 마치 하나님 당신이 사람을 통해 말씀하고 계신 것 같았다.

갑자기 어떤 미친 남자가 예수에게 소리치기 시작했다.

"우리를 내버려둬! 나는 당신이 누구인지 알아! 당신은 우리를 파멸시킬 거야!"

"이 자에게서 나가거라." 예수가 그 남자 안에 있는 악령에게 말했다. 그 불쌍한 남자는 대리석 바닥에 쓰러졌지만 잠시 후 자유로워졌다. 악령이 그 남자에게서 나왔다. 이것은 사람들을 매우 깜짝 놀라게 하여 그들은 모든 사람에게 그 이야기를 해 주었다.

회당에서 집으로 왔을 때, 예수는 베드로의 장모가 열병을 심하게 앓는 것을 발견했고, 그들은 예수를 그녀의 침상으로 데리고 갔다. p.84 예수가 그 여인에게 몇 마디 말을 건넸다.

여인은 다시 꽤 회복이 된 듯했고, 그녀의 첫 번째 바람은 베드로가 따르고 있는 이 훌륭한 사람을 위하여 무언가 하는 것이었다. 그녀는 일어나 예수에게 대접할 음식을 준비하는 것을 거들었다.

사람들은 감히 안식일에 예수한테 병을 고쳐 달라고 갈 엄두를 내지 못했다. 하지만 해가 진 후, 많은 사람들이 와서 병을 낫게 해 달라고 부탁했다. 예수는 자신의 손을 그들에게 대어 그들을 낫게 해 주었다.

예수를 따르다

p.85 다음날 아침 예수는 홀로 밖으로 나가 언덕 사이로 갔다. 하루 종일 가난한 자, 병든 자, 눈먼 자, 그리고 절름발이들이 예수를 쫓아왔다. 그래서 밤이나 이른 아침에 예수는 자신이 하려고 온 위대한 일을 생각해 보기 위해 홀로 밖으로 나갔다. p.86 하지만 사람들은 예수를 따라와 자기들을 떠나지 말라고 간청했다.

"나는 다른 도시에도 하나님의 왕국에 대해 설교를 해야 합니다." 예수가 말했다. 그리고 예수는 제자들을 데리고 갈릴리를 지나 이 마을에서 저 마을로 여행을 시작했다. 약 200개의 마을이 있었고 그 마을들은 모두 근방에 있었다. 때는 봄이었고 마을과 마을 사이에 있는 들과 언덕은 꽃이 피어 아름다웠다. 예수가 어디를 가든 사람들은 그의 이야기를 기쁘게 들었다.

한 번은 예수가 어떤 마을 가까이에 갔을 때, 몹시 아픈 사람이 그를 따라왔다. 그는 나병이라는 병을 앓는 사람이었다. 그는 예수를 따라 마을까지 들어왔는데, 그것은 법에 위반되었다. 나병을 앓는 사람들은 마을에 들어오는 것이 허용되지 않았다. 나병 환자가 다른 사람을 만지면 그들도 역시 병을 앓게 될 것이기 때문이다.

"제발 저를 다시 깨끗하게 만들어 주세요." 그 남자가 간청했다.

p.87 "그대는 깨끗해질 것이오." 예수가 말하며 그에게 손을 얹었다.

갑자기 그의 죽은 더러운 피부가 아이의 피부처럼 건강해졌다. 예수는 그 남자를 느리고 고통스러운 죽음으로부터 구원해 주었다.

예수의 집은 늘 북적였다. 마비된 친구를 예수에게 데려오고 있던 몇몇 남자들이 집 밖의 계단으로 그 친구를 지붕으로 올렸다.

예수는 병든 친구를 예수의 발 앞에 내려놓은 남자 네 명의 믿음을 보았고, 그것은 그의 마음에 감동을 주었다.

"아들아, 다시 행복해지거라." 예수가 그 남자에게 말했다. "너의 죄는 용서 받았다."

거의 늘 성서를 베껴 쓰고 있던 서기관들은 예수가 모세의 율법과 무언가 다른 이야기를 하는지 거의 늘 지켜보고 있었다. p.88 만약 예수가 틀린 말을 하면 그들은 랍비에게 일러바칠 준비가 되어 있었다.

"하나님 외에 누가 죄를 사하여 줄 수 있는가?"

예수는 그들의 생각을 들었다.

"죄를 용서하는 것이 더 쉬운가, 아니면 육신을 치유하는 것이 더 쉬운가?" 예수가 그들에게 물었다. "일어나 너의 집으로 돌아가라." 예수가 병자에게 말했다.

그 남자는 일어나 자기의 자리를 말아 밖으로 가지고 나갔다. 사람들은 깜짝 놀라 그 사람이 지나가게 해 주었다.

"우리는 오늘 이상한 일들을 보았어." 사람들이 자기들끼리 이야기를 했다.

호숫가로 내려가려고 집을 나섰을 때, 예수는 로마 인이 유대 인에게서 돈을 빼앗아가는 것을 보았다. 그 시절에는 로마 인이 유대 인을 정복해 그들을 지배하고 있었다.

로마 인은 가장 가난한 유대 인에게조차 돈을 빼앗아 감으로써 부를 축적했다.

사람들은 세리를 싫어했고 세리라는 직업은 기분 좋은 것이 아니었다.

p.89 마태라고도 불리는 레위는 가버나움의 부유한 세리였다. 자기의 사무실에 앉아 시장을 내다보고 있을 때, 마태는 예수가 지나가는 것을 보았다. 예수가 마태의 문 앞에 멈췄다.

"나를 따르라." 예수가 마태에게 말했다.

마태는 모든 것을 남겨두고 예수를 따랐다. 마태는 자신을 부유하게 만들어 주는 사업이 있었지만, 예수의 제자가 되기 위해 그 모든 것을 떠날 준비가 되어 있었다.

마태는 자신의 친구들에게 훌륭한 저녁 식사를 제공했고 예수와 그의 다섯 명의 제자들도 초대했다. 마태는 예수에 대한 그의 믿음을 고백하고 싶었다.

유대 인들은 로마 인들을 멸시했다. 유대 인들이 지나가다가 예수가 마태의 집에서 열리는 연회에 앉아 있는 것을 보았을 때, 예수의 제자들에게 왜 그들의 스승이 로마 인들과 함께 식사를 하는지 물었다.

p.90 "병들지 않은 사람은 의사가 필요 없소." 예수가 대답했다. "나는 나를 필요로 하는 사람들을 도와주기 위해 왔지, 나를 필요로 하지 않는 사람들을 위해 온 것이 아니오."

이 저녁 식사 후 마태는 예수의 제자가 되었다.

예수의 친구들

p.91 예수가 자신이 첫 번째 기독교 교회를 세우기 시작하는 것을 돕게 하려고 오직 열두 명을 선택한 데에는 바르고 진실된 이유가 있었다. 예수가 제자들을 부르기 전에 그는 산으로 올라가 혼자 있고자 했다. 그는 가버나움을 떠나 바위투성이 길을 거쳐 풀이 무성하고 야생화가 자라고 있는 고지대 평야로 올라갔다. p.92 이 언덕들 중 한 곳에서 예수는 자신의 도시들을 거느리고 있는 갈릴리 호수를 볼 수 있었다.

이곳에서 예수는 밤을 새고 다음날 아침 사람들이 모여 있는 풀이 무성한 초원으로 내려왔다. 제자들이 예수를 만나러 왔고 예수는 자신의 일을 할 때 자신과 함께 하기 위해 그들 열두 명을 선택했다고 그들에게 말했다.

예수는 자신의 첫 번째 친구였던 두 쌍의 형제인 베드로와 안드레, 그리고 야고보와 요한을 자신 옆으로 부르고 그 다음으로는 벳새다의 빌립보를 불렀다. 다음은 가나의 바돌로매, 그리고 최초의 복음서를 썼던 가버나움의 세리 마태였다.

예수는 또한 갈릴리의 도마, 가버나움의 두 명의 형제인 야고보와 유다, 갈릴리의 시몬, 그리고 예루살렘 근처의 지방에서 온 가룟 유다를 선택했다. p.93 이들 중 다섯 명은 예수의 사촌이었다. 그들 중 반 이상은 어부였다.

세상의 어떤 왕이나 황제도 예수가 이 사람들에게 준 영광만큼 큰 영광을 가져본 적이 없었다. 그들은 예수의 영적인 왕국에서 그의 영주들이 되었다. 그런 다음 예수는 사람들 사이로 내려왔다. 예수는 병자들을 모두 낫게 해 주었다.

그런 다음 예수는 앉아서 사람들을 가르쳤다. 그 경이로운 날들의 금언들을 '산상수훈'이라고 부른다. 그 말씀들은 이제 세상의 모든 기독교 교회에서 읽혀진다. 사람들은 아름다운 청년 한 명을 보았지만 그들은 또한 그 청년 안에서 하나님의 빛을 보았다. 예수는 자기 곁에 있던 작은 무리의 제자들을 애정 어린 눈으로 관찰했다. 예수는 제자들을 아름다운 이야기로 축복해 주었는데, 이를 '여덟 가지 참 행복' 또는 '열 가지 축복'이라고 부른다.

p.94 예수는 '축복받은 자'란 선한 자, 겸손한 자, 속세의 부와 우정은 거의 없지만 믿음과 사랑을 많이 지닌 순수한 영혼을 가진 자라고 했다.

예수는 그들에게 사랑과 용서의 율법, 그리고 순수와 진리의 율법을 가르쳤다. 예수는 그들에게 겸손하고 단순해지라고 가르쳤는데, 특히 기도에 있어서 그러라고 했다. 예수는 사람들에게 '주기도문'이라는 훌륭한 기도문을 주었다.

예수는 그들에게 그들이 하나님의 자녀라면 자신이나 이 세상을 하나님보다 더 사랑할 리는 없다고 했다. 그런 다음 예수는 그들에게 새와 꽃들도 하나님께 사랑받고 보살핌을 받는다고 가르쳤다.

"들판의 백합은 일하거나 말하지는 않지만 그들이 위대한 왕, 솔로몬보다 더 신성합니다." 예수가 사람들에게 말했다. "만약 하나님께서 백합을 돌보신다면 하물며 하나님의 자녀인 그대들을 돌보실 거라고 생각하지는 않으시오? 미래를 두려워하지 마시오. p.95 항상 하나님을 찾으면 그대들이 필요로 하는 모든 것을 얻게 될 것이오."

그런 다음 예수는 새와 백합에서 시선을 거두고 사람들의 눈을 들여다보고 사랑과 진리를 향한 그들의 욕구를 보았다. 예수는 사람들에게 서로를 판단하거나 서로의 잘못에 대해 걱정하지 말라고 했다. 예수는 그들에게 어떻게 하나님께 사랑과 진리를 구할 수 있는지를 알려 주었다. 예수는 하늘나라에 계신 아버지가 지상의 아버지보다 더 공정하고 자애로우며 정이 많으시기 때문에 그것이 그들에게 주어질 것이라고 했다.

"다른 사람들이 그대에게 행하기를 원하지 않는 그 어떤 것도 다른 이들에게 행하지 마시오." 예수는 그들에게 말했다.

이 세상은 사람들로 북적이지만 오직 극소수만이 천국으로 가는 길을 찾았다. 현명한 사람은 그의 집을 반석 위에 짓는다. p.96 바람이 불고 비가 오고 홍수가 나도 그 집은 여전히 서 있을 것이다. 어리석은 자는 그의 집을 모래 위에 짓는데, 바람이 불고 비가 오고 홍수가 나면 그 집은 무너진다.

사람들은 곰곰이 생각해 보기 위해 그 언덕들 사이에서 있었던 이 훌륭한 모임에서 떠나갔다. 그것은 매우 새롭고 매우 경이로웠다. 예수는 마치 스승 중의 스승처럼 이야기했던 것이다.

생명의 주님

p.97 예수는 다시 가버나움으로 내려와 변함없이 매우 빈곤한 사람들 무리를 발견했는데, 그들은 목자 없는 양들과 같았다. 가난한 자뿐만 아니라 부자들도 가지고 싶은 것들과 걱정거리들이 있었다.

p.98 어떤 선한 로마 인 관리에게 종이 한 명 있었는데, 그는 매우 주인에게 충실해서 그 로마 인 관리가 아주 총애했다. 그 종이 매우 아팠다. 로마 인은 자기 부하들에게 예수를 불러 와 그의 종을 치료하게 하라고 했다. 로마 인은 자신이 직접 부탁하기가 겁났다. 왜냐하면 예수가 유대 인이므로 로마 인들을 도우려고 하지 않을 것이라고 생각했기 때문이다. 그래서 유대 인들이 예수에게 그 로마 인에 대해 이야기했다.

"주님, 귀찮게 해 드려서 죄송합니다." 로마 인 관리는 예수에게 편지를 썼다. "제가 주님의 도움을 청하기에 부족하다는 것을 알지만 제발 저의 종을 낫게 해 주십시오."

예수는 그 로마 인의 믿음에 감명 받았는데, 그 믿음은 대다수의 유대 인들의 믿음보다 더 큰 것이었다. 그 종은 병이 나았다.

하지만 유대 인들 중 일부는 예수가 유대 인보다 이교도인 로마 인이 더 큰 믿음을 가지고 있을 수 있다고 말했기 때문에 화가 났다.

다음날 예수와 제자들은 20마일 이상 떨어진 나인이라는 작은 도시로 갔다. p.99 그들이 도시의 관문 가까이에 갔을 때, 문 밖으로 나오고 있는 장례 행렬과 마주쳤다. 그 시절 사람들은 장례식에서 우는 대가로 돈을 받았다. 그들 뒤로 울고 있는 여인이 왔다. 그 여인은 죽은 청년의 어머니였다.

모두가 외아들을 잃은 그 불쌍한 여인에게 안쓰러움을 느꼈다.

"울지 마시오." 예수가 그 어머니에게 말했다. 예수는 죽은 남자를 보았다. "청년이여, 일어나라!"

잠시 후 그 청년이 눈을 뜨고 앉아 말하기 시작했다.

예수가 나인 가까이에 있는 동안 세례 요한의 제자들 중 몇 명이 예수를 보러 왔다. 요한은 사해 근처의 지대가 낮고 더운 지방의 감옥에 여전히 갇혀 있었다. p.100 예수는 그들에게 그들이 본 것을 요한에게 가서 말하라고 일렀다.

"장님은 시력을 받고, 절름발이는 걷고, 나병 환자는 깨끗해지고, 귀머거리가 듣고, 죽은 사람은 다시 살아난다. 네가 나를 사랑한다면 너는 축복 받으리라. 네가 큰 짐을 지고 있다면 내게로 오라. 그러면 내가 너에게 휴식을 줄 것이다. 내 일은 쉽고 내 짐은 가볍다."

이것이 우리 모두에게 주는 천국으로 들어가는 예수의 애정 어린 초대장이다.

막달라 마리아

p.101 시몬이라는 유대 인이 있었는데, 그는 예수의 제자가 되기를 바라는 마음은 전혀 없었지만 예수가 무엇을 가르치는지 몹시 궁금해했다. 시몬은 부자였고 아름다운 집에서 살았다. 시몬은 자신과 친구들에게 이야기를 해 달라며 예수를 자기 집으로 초대했다.

p.102 예수가 왔을 때, 시몬은 예수에게 어떤 특별한 선물도 주지 않았다. 왜냐하면 시몬은 예수를 사랑하지 않았기 때문이었다. 시몬은 오직 예수에 대해 호기심만 있을 뿐이었다.

그들이 식탁에 앉아 있을 때, 아름다운 젊은 여인 한 명이 열린 문으로 들어와 다른 손님들을 재빠르게 지나쳐 예수가 있는 곳까지 왔다.

아무도 그녀에게 말을 걸지 않았고, 그녀에 대해 말하지도 않았다. 왜냐하면 그들 모두 그녀가 죄 많은 여인이라는 것을 알았기 때문이었다. 하지만 곧 그들은 그녀가 예수의 발 위에 엎드려 흐느껴 울고 있는 것을 보았다. 그녀는 예수의 발을 향수와 자신의 머리카락으로 닦았다.

시몬은 화가 나서 그녀를 바라보았다. 왜 예수는 이 여인이 자기를 만지게 내버려두고 있는 것일까?

"시몬, 내가 당신에게 해 줄 말이 있소." 예수가 말했다. 그러고 나서 예수는 자신에게 돈을 빚진 두 남자가 있는 한 남자에 관한 짧은 이야기를 해 주었다. 한 명은 그에게 500펜스를 빚졌고 다른 한 명은 50펜스를 빚졌다. p.103 그들에게 지불할 만한 것이 아무것도 없을 때 그는 그 둘을 모두 용서했다. 그리고 예수는 그들 중 누가 더 그 남자를 사랑했을지 물어

보았다.

"내 생각으로는 그 남자에게 더 많은 돈을 빚진 사람인 것 같소." 시몬이 말했고 예수는 그가 맞았다고 대답했다.

"이 여인이 보입니까?" 예수가 물었고 모든 사람들이 그 여인을 바라보았다.

그녀는 예수의 발을 닦고 여러 번 그에게 입을 맞추었지만 시몬은 예수를 환영하지 않았었다.

"이 여인의 죄는 많지만 용서 받았소. 이 여인의 마음속에는 사랑이 가득하오. 그대의 죄는 많지 않고 비록 그 죄가 용서를 받았을지라도 그대는 나에 대한 사랑이 전혀 없소."

예수가 여인을 쳐다보았다.

"그대의 죄는 용서 받았소." 예수가 여인에게 말했다. "그대의 믿음이 그대를 구원했소. 평안히 가시오."

p.104 예수가 갈릴리의 마을들을 거쳐 갈 때 그는 친구도 많고 적도 많다는 것을 발견했다. 열두 명의 사도들은 늘 예수와 함께 있었다.

막달라 마리아뿐만 아니라 수산나, 그리고 예수가 치료해 준 헤롯 왕 집사의 부인 요안나도 그의 고마운 친구들이었다. 어떤 제사장들은 예수를 관찰하기 위해 예루살렘에서 내려왔고 사람들에게 예수가 진정한 선생이 아니라고 말했는데, 이것은 바리새 인들을 기쁘게 했다. 바리새 인들은 예수에게 그가 하나님의 아들이라는 증표를 보여 달라고 했다.

예수는 요나의 증표 외에는 아무 증표도 그들에게 제공되지 않을 것이라고 말했다. 요나는 사흘 낮과 사흘 밤을 커다란 물고기의 뱃속에서 지냈으므로 사람의 아들도 땅 속에서 사흘 낮과 사흘 밤을 지내야 할 것이라고 했다. 비록 니느웨의 사람들이 악하기는 했어도 그들은 요나가 말하는 것을 들은 후에 용서를 구했다. p.105 예루살렘 사람들은 요나보다 더 위대한 사람이 그들 중에 있음에도 불구하고 회개하지 않았다.

마리아와 그녀의 아들들은 예수를 군중으로부터 데려갈 수 있기를 바라며 나사렛에서 왔다. 예수가 어떤 집에서 사람들을 가르치고 있을 때 어떤 사람이 예수에게 그의 어머니와 형제들이 밖에 있으며 그와 이야기를 나누기를 바란다고 전했다. 군중이 너무 많아서 그들은 들어올 수가 없었던 것이다.

예수가 어머니에게 나가려고 일어서기 전에 그는 군중에게 한 가지 가르침을 주었다.

"하나님의 말씀을 듣고 그것을 행하는 이들은 누구라도 내 어머니와 내 형제들이오."

갈릴리 호숫가에서 들려준 이야기

p.106 예수는 갈릴리 호숫가에서 사람들을 가르치게 되어 기뻤다. 왜냐하면 그들의 마음은 농부가 씨 뿌리기를 좋아하는 좋은 땅과 같았기 때문이다. 부유하고 교만한 바리새 인들의 마음은 씨앗이 자랄 수 없는 바위와 같았다. 예수는 전에 아무도 해 본 적이 없는 방법으로 사람들을 가르쳤다.

p.107 이것은 '농부'라는 이야기이다.

"한 농부가 그의 씨앗을 심으러 밖에 나갔습니다." 예수가 말했다. "그가 씨앗을 심을 때, 몇몇 씨앗이 땅에 떨어져 새들이 그것을 먹었지요.

그리고 몇몇 씨앗은 바위에 떨어졌습니다. 그 씨앗들은 물이 없어 그곳에서 자라지 못했지요.

그리고 몇몇 씨앗은 가시밭 사이에 떨어졌는데 가시들이 그 씨앗들을 숨 막히게 하여 자랄 수가 없었습니다.

그리고 다른 씨앗들은 좋은 땅 위에 떨어져 많은 열매를 맺었지요."

예수는 어떤 사람들은 그가 하나님의 말씀에 대해 이야기하고 있다는 것을 마음으로 이해할 수 있다는 것을 알았지만, 그것을 이해할 수 없는 사람들도 많이 있다는 것을 알았다.

예수의 제자들이 그에게 이야기를 이해하기 더 쉽게 만들어 달라고 부탁했다.

"씨앗은 하나님의 말씀입니다. 옳지 않은 길에 있는 사람들은 하나님의 말씀을 듣지만 악마가 와서 그 씨앗을 빼앗아 갑니다.

p.108 바위 위에 있는 자들은 기뻐하며 말씀을 듣지만 그들은 뿌리가 없습니다. 그들은 잠시 동안만 들을 뿐 그런 다음에는 다시 그것을 잃어버립니다.

만약 사람이 재물과 쾌락에 너무 많이 신경을 쓰면 그때는 이것들이 가시들과 같아집니다. 그것들이 하나님의 말씀이 자라는 것을 막습니다.

하지만 좋은 땅에 있는 씨앗은 정직하고 착한 마음을 가진 사람들입니다. 그들은 하나님의 말씀을 들으면 그것을 지키지요. 그들은 인내하며 과일을 키웁니다."

예수는 또한 그들에게 '밀과 가라지'라는 이야기도 해 주었다. 어떤 남자가 좋은 씨앗을 밭에 심었지만 그것이 밀로 자랐을 때 가라지라는 잡초도 그 사이에서 자라고 있었다. 원수 한 명이 밤에 몰래 가라지 씨앗을 심어서 그것이 밀과 함께 자랐던 것이다.

p.109 그 남자의 하인들은 가라지를 뽑아내기를 바랐지만 밭주인은 추수 때까지 둘이 같이 자라게 해야 한다고 말했다. 만약 그들이 땅에서 가라지를 뽑아내려고 했다면 그들은 밀도 또한 뽑아냈을지도 모른다. 추수가 끝날 때 가라지는 태워질 것이고 밀은 헛간에 모일 것이다. 이런 식으로 예수는 그들에게 선과 악이 이 세상에서 같이 자라게 허용되는 이유를 가르쳤다.

예수는 또 '겨자씨'라는 이야기에서 사람들을 가르쳤다. 마음속에서 하나님의 왕국이 성장하는 것은 밭에 심어진 겨자씨와 같다. 그것은 가장 작은 씨앗이지만 가장 큰 나무로 성장한다. 예수는 또한 그들에게 다른 이야기들도 들려주었다.

그날 들려준 이야기 중 하나는 '보물'에 대해서였다. 예수는 밭을 갈다가 보물을 발견한 한 남자의 이야기를 그들에게 들려주었다. p.110 그 남자는 그 밭을 사기에 충분한 돈을 벌려고 자기가 가지고 있던 모든 것을 내다 팔았다. 이 이야기는 마음속의 천국이 이 세상의 모든 보물이나 즐거움보다 우리에게 더 가치 있다는 것을 가르치는 것이었다.

예수는 또한 '낚시 그물' 이야기를 들려주었는데, 그 그물은 모든 종류의 물고기를 낚았다. 그들이 그 그물을 호숫가에 가져오면 어부들은 좋은 물고기는 바구니에 모았지만 나쁜 물고기는 던져 버렸다. 선과 악은 결국 분리된다.

폭풍을 잠재우다

p.111 사람들을 가르치고 병자들을 낫게 해 주느라고 몹시 지쳤을 때 예수는 갈릴리 호수 반대편에 있는 가다라라는 황야로 가곤 했다. 예수는 호숫가에서 가르치느라 마지막으로 긴 하루를 보낸 후 휴식이 필요했지만, 사람들은 예수가 가는 곳마다 그의 주위에 몰려들었다.

273

p.112 저녁에 예수는 제자들과 함께 커다란 고깃배를 가져와 호수 반대편으로 갔다. 또 한 명의 남자가 같이 가고 싶어 했지만, 그는 죽은 아버지를 우선 무덤에 묻어야 한다고 생각했다.

"그대는 나를 따르고 죽은 자들이 죽은 자를 묻게 내버려두시오." 예수가 말했다. 예수는 유대 인들이 영적으로는 죽었다는 뜻으로 한 말이었다.

그들이 호수 한가운데에 이르렀을 때 거대한 폭풍이 불었다. 배가 바람에 흔들리고 요동치기 시작했다. 작은 배의 곳곳에 일렁이는 파도 때문에 들어온 물로 물 천지가 되었고 제자들은 두려움을 느끼기 시작했다.

예수는 어디에 있었을까? 그는 잠들어 있었다. 제자들이 머리에 베고 잘 베개를 가져왔는데, 그는 잠이 들어 있던 것이다.

"스승님, 스승님, 우리는 죽게 될 거예요!" 그들이 소리쳤다.

p.113 그때 예수가 일어나 바람과 물에게 말하자 폭풍이 그쳤다. 모든 것이 대단히 고요했다.

어부들은 이처럼 경이로운 것을 한 번도 본 적이 없었다. 그들은 폭풍을 두려워했던 것보다도 예수를 더 두려워할 지경에 이르렀다.

"왜 그렇게 겁을 내느냐? 어찌하여 너희들은 믿음이 없느냐?" 예수가 물었다.

그들이 가다라에 당도하자마자 이상한 남자 한 명이 돌무덤에서 나와 그들을 맞았다. 그는 벌거벗고 부상을 당했다. 그는 거의 늘 울면서 자신의 몸을 베고 산 속을 헤매고 있었다. 예수는 그를 안쓰럽게 여겼다. 왜냐하면 그를 그처럼 불행하게 만든 것이 그의 안에 있는 악령들이라는 것을 알았기 때문이었다. 그 불쌍한 남자는 예수를 섬기려고 애썼으나 악령이 고통으로 울부짖었다.

p.114 "네 이름이 무엇이냐?"

"내 이름은 레기온이다. 우리는 여러 명이기 때문이지." 악령들이 그 남자 안에서 대답했다.

예수는 악령들에게 그의 몸에서 나오라고 명령하여 그 불쌍한 남자를 자유롭게 해 주었다. 악령들은 가까이에 있던 돼지 무리 속으로 들어갔다. 돼지들은 호수로 뛰어들어 빠져 죽었다. 옆 동네 사람들이 이 미친 남자가 옷을 입고 예수와 함께 조용히 앉아 있는 것을 보았다. 그들은 예수를 두려워하게 되었다.

예수가 배로 돌아가려고 할 때, 그 미친 남자가 예수와 같이 가겠다고 애원했다. 하지만 예수는 그에게 대신 고향에 있는 그의 친구들에게 돌아가 그들에게 하나님께서 그에게 행하신 일을 전하라고 했다.

이렇게 예수는 호수에 부는 폭풍과 한 사람의 영혼 안에 있는 악의 폭풍을 잠재웠다.

다시 부름을 받다

p.115 가버나움으로 돌아왔을 때 예수는 친구들의 무리를 발견했다. 그들은 폭풍 때문에 예수에 대해 걱정했다. 그들 중 배를 걱정스럽게 지켜보던 사람이 한 명 있었다. 그에게는 집에 중병이 든 어린 딸이 있었다. p.116 그의 이름은 야이로였는데, 그는 회당장이었다. 야이로는 무릎을 꿇고 예수에게 자신의 딸을 구원해 달라고 간청했다.

예수가 야이로와 함께 갔고 군중들이 뒤따랐다.

예수가 길을 가는 동안 12년 동안 병을 앓던 여인 한 명이 예수의 뒤를 바짝 쫓아왔다.

"제가 선생님 옷을 만질 수 있다면 저는 몸이 좋아질 것입니다." 그녀는 말하고 진실한 믿음을 가지고 옷을 만졌다.

"누가 내 옷을 건드렸소?" 예수가 물었다.

그 여인은 겁을 먹고 군중 속으로 숨으려고 했다.

결국 그 여인은 군중 속에서 나와 벌벌 떨며 예수의 발밑에 엎드렸다.

"자매여, 그대의 믿음이 그대를 낫게 했다. 평안히 가라." 예수가 그녀에게 부드럽게 말했다.

p.117 그 여인이 여전히 예수의 발밑에 엎드려 있는 동안 몇몇 친구들이 슬픈 소식을 가지고 그 회당장의 집에서 왔다.

"자네 딸이 죽었다네." 그들이 말했다. "그만 우리 선생님을 귀찮게 해드리게."

예수는 그 아버지의 얼굴에서 슬픔을 보았다.

"두려워하지 말고 오직 믿기만 하시오."

그렇게 그들은 회당장의 집으로 가서 어린 딸이 누워 있는 방으로 들어갔다. 예수는 소녀의 부모와 함께 베드로와 야고보, 요한만 데리고 조용하고 어두운 방으로 들어갔다.

"울지 마시오. 이 아이는 죽지 않았소. 이 아이는 자고 있소." 그런 다음 예수는 소녀의 손을 잡고 그녀를 불렀다. 소녀는 자기를 부르는 예수의 목소리를 들었다.

즉시 소녀는 일어나 걸었다. 그녀는 열두 살 먹은 어린 소녀였고 부모에게는 몹시 귀여움을 받았다. p.118 그녀의 부모의 마음속에는 기쁨과 경이로움이 가득 들어찼다. 예수는 그들에게 소녀에게 음식을 주어야 한다고 상기시켜 주었지만 그들의 딸에게 일어났던 일을 말하지는 말라고 했다.

두 명씩 짝짓다

p.119 예수는 나사렛으로 돌아가기를 원했다. 그래서 그는 그의 고향으로 돌아갔지만 사람들은 그를 환영하지 않았다. 한 번 더 예수는 나사렛 회당으로 갔다. 그들은 예수에게 냉랭했고 노여워하며 그를 바라보았다. p.120 그들은 예수의 위대한 힘과 지혜를 이해할 수 없었고, 그를 믿으려고 하지 않았다.

"이 자는 마리아의 아들인 그 목수 아닌가?" 그들은 말했다. "그는 야고보와 요세, 유다, 시몬의 형제지? 그리고 그의 여동생들은 우리와 같이 이곳에 살지 않나?"

"선지자의 가족과 고향은 절대 그를 믿지 않는다." 예수가 말했다.

예수는 왜 그들이 자신을 믿지 않는지 의아해했다. 예수는 그들을 몹시 사랑했고 그들을 돕고 싶었다. 예수는 병자 몇 명을 낫게 해 주었다.

예수는 다시 그의 고향을 떠났다. 예수는 열두 제자를 다 함께 불렀다. 예수는 그들을 두 명씩 짝지어 그들을 둘러싼 세상으로 내보냈다. 예수는 그들에게 악령을 쫓아내는 힘과 병자를 낫게 할 수 있는 힘을 주었다. 예수는 제자들이 세상 방방곡곡의 사람들에게 자신의 메시지를 설파하기를 원했다. 예수는 그들에게 그들의 여정을 위해 지팡이 한 개를 제외하고는 아무것도 가져가서는 안 된다고 말했다.

p.121 예수는 또한 그들에게 그들을 도와주는 사람은 누구든 축복해 주고 그들을 환영하지 않으려는 집이나 도시는 떠나라고 말했다. 예수는 그들의 삶이 힘들 것이고 사악한 사람들이 그들을 죽이려고 할 것이라고 말했다. 하지만 하나님께서 그들을 보호해 주실 것이므로 두려워하지 말라고 했다.

예수는 제자들에게 위로를 해 주고 힘을 주었다. 그들은 예수를 따르기 위하여 자신들의 평범한 삶을 포기했기 때문에 영생을 갖게 될 것이었다.

그리하여 그들은 두 명씩 짝을 지어 떠났고 예수를 홀로 남겨두었다.

세례 요한은 아직 사해 아래쪽에 있는 헤롯 안디바 왕의 감옥에 갇혀 있었다. 그는 그곳에 1년이 넘게 있었다. 헤로디아 왕비는 그를 사형에 처하고 싶어 했는데, 요한이 자신과 헤롯 왕의 결혼에 반대하는 말을 했기 때문이었다. 헤로디아 왕비는 사악한 여자였다. p.122 헤롯 왕은 마음속으로는 요한을 풀어 주어야 한다고 생각했지만 왕비 때문에 그를 감옥에 가두어 두었다. 헤롯 왕은 요한의 친구들이 그를 만날 수 있게 해 주었고 가끔씩 요한에게 예수에 대해 말하기도 했다.

왕의 생일에, 헤롯 왕은 자신의 영주들과 대장들에게 큰 잔치를 베풀었다. 그들이 값비싼 음식과 포도주를 먹고 난 후 무희들이 들어왔다. 그들은 자신들의 스카프를 가지고 춤을 추었다.

마침내 어린 소녀가 들어와 홀로 춤을 추었다. 그녀는 공주처럼 차려입었는데, 그녀는 실제로 공주였다.

헤로디아 왕비가 남자들을 위해 춤을 추도록 자신의 순결한 어린 딸 살로메를 보낸 것이었다.

남자들은 살로메의 춤이 무엇보다도 마음에 들었다.

"네가 청하는 것을 무엇이든 너에게 주겠다." 왕이 공주에게 말했다.

"무엇을 달라고 할까요?" 공주가 어머니에게 물었다.

p.123 "세례 요한의 목이다." 어머니가 말했다.

헤롯 왕은 이것을 예상하지 못했다. 하지만 그는 약속을 했고 약속을 어길 수는 없었다.

요한은 그들이 자신을 죽일 때 두려워하지 않았다. 그들은 요한의 머리를 공주에게 가지고 갔다. 공주는 그것을 자기 어머니에게 주었다. 공주는 충격을 받았고 슬퍼했다. 헤롯 왕은 결국 자신의 땅과 재산을 모두 잃었다. 하지만 세례 요한은 천국에 갔다.

요한의 제자들이 그의 시체를 묻은 다음 예수에게 가서 고했다.

지금은 사도라고 불리는 예수의 제자들은 마을로 나가 사람들을 가르치고 있었다. 그들은 세례 요한의 사망 소식을 듣고 예수에게 돌아왔다. 그들은 설교하고 병자를 치료하고 악령을 쫓고 있었다. 그들은 종종 '천국이 오고 있다'라고 말했고 사람들은 그들이 예수를 왕으로 삼을 것인지 궁금해했다.

p.124 헤롯 왕은 예수와 사도들의 일에 대해 들었고 두려워했다. 헤롯 왕은 예수를 만나려고 애썼지만, 예수는 불쌍한 자들을 도우러 올 뿐 왕과 이야기를 하려고 오지는 않았다.

베드로와 요한, 안드레와 나머지 다른 제자들이 모두 돌아왔을 때 그들에게는 행해진 놀라운 것들에 관한 이야기가 한가득 있었다. 많은 사람들이 예수를 찾으려고 그들과 함께 왔다. 예수는 사도들하고만 이야기를 할 필요가 있다고 결정했다.

그들은 배를 타고 갈릴리 호수를 건넜다. 호숫가는 예수와 함께 있고 싶어 하는 사람들로 붐볐다. 군중은 예수가 가고 있는 곳으로 그를 따라가기로 결심했다.

예수는 남자들과 여자들, 그리고 아이들도 그를 따라온 것을 보았다. 예수는 그들에게 사랑과 연민을 느꼈으므로 앉아서 그들을 가르치기로 결심했다.

p.125 때는 봄이었고 푸른 들판은 밝은 색깔의 야생화들로 가득했다. 사도들은 그들의 스승이 쉬운 말로 사람들을 가르치는 동안 스승 주변에 서 있었다.

오후 내내 예수는 사람들에게 이야기를 해 주었다. 해가 서서히 지고 있을 때도 사람들은 여전히 남아 있고 싶어 했다. 그들은 마치 목자 없는 양들 같았다. 사도들은 먹을 것이 아무것도 없어서 걱정이 되었다.

"가서 그들에게 먹을 것을 가져다주어라." 예수가 말했다. 그러자 사도들은 깜짝 놀랐다. 왜냐하면 여자와 아이들을 포함시키지 않는다고 해도 500명 정도의 남자들이 있었기 때문이었다. "저희가 가서 200페니어치의 빵을 사서 그들에게 그것을 먹으라고 줄까요?" 빌립보가 말했다.

"빵이 몇 덩어리나 있느냐? 가서 알아보아라." 예수가 말했다.

"보리빵 다섯 덩어리와 작은 물고기 두 마리를 가지고 있는 소년이 한 명 여기에 있습니다. p.126 하지만 사람들이 너무 많은데 무슨 소용이 있겠습니까?"

그때 예수가 사도들에게 모든 사람들을 푸른 풀밭에 순서대로 앉히라고 말했다. 곧 모든 사람들이 앉아 예수를 바라보고 있었다. 예수는 마치 아버지가 자기 아이들을 바라보듯이 그들을 바라보았다. 그들은 무엇을 기다리고 있는 중이었을까?

그들은 예수가 빵과 물고기 두 마리가 든 소년의 바구니를 가져가더니 하늘을 올려다보는 모습을 보았다. 예수는 그 음식을 축복했다. 그런 다음 예수는 빵을 쪼개고 물고기를 나누기 시작했다.

예수가 빵을 쪼개어 제자들에게 주었을 때, 그들은 그것을 풀밭에 앉아 있는 사람들에게 가져갔다. 제자들이 예수에게 돌아왔을 때는 그들을 기다리고 있는 음식이 아직 더 있었다. 이런 방식으로 모든 사람이 음식을 먹었다.

"남아 있는 빵부스러기들을 모아라."

그리고 제자들은 남은 보리빵 조각으로 열두 개의 바구니를 채웠다.

p.127 "그는 정말로 진정한 선지자야." 사람들이 서로에게 말했다. 그들은 예수를 자신들의 왕으로 삼아야 할지를 다시 궁금해했다. 예수는 사람들의 말을 듣고 언덕 사이로 몸을 숨겼다.

파도 위를 걷다 / 두 개의 왕국

p.128 예수가 산허리에 혼자 있는 동안 사도들은 그들의 고깃배를 타고 가버나움에 당도하려고 애쓰고 있었다. 거센 바람 때문에 새벽 3시까지도 그들은 아직 갈릴리 호수 위에 있었다.

예수는 그들이 노를 젓느라 고군분투하는 것을 보고 산허리에서 신속하게 내려왔다. p.129 예수는 물 위를 걸어서 그들에게 갔다.

"유령이다!" 사도들은 어둠 속에서 누군가가 그들을 향해 걸어오는 것을 보았을 때 두려워하며 소리쳤다.

"두려워하지 마라! 나다, 예수다."

"주님, 주님이 맞다면 제게 물 위로 오라고 명해 주십시오." 베드로가 외쳤다.

"오라."

베드로는 배의 측면을 넘어가 예수를 향하여 걷기 시작했다. 강한 바람이 불었고 베드로는 파도 사이로 빠졌다.

"주님, 저를 구해 주세요!" 베드로는 외쳤고 물에 빠지기 시작했다.

"너는 믿음이 약하구나! 왜 나를 의심했느냐?" 예수가 말했다. 예수는 베드로를 구하려고 손을 뻗었다.

그들이 둘 다 배에 승선했을 때 바람이 멈췄다. p.130 갑자기 제자들은 자신들이 가버나움에서 멀지 않은 육지에 와 있는 것을 알게 되었다.

그곳은 게네사렛 평야 근처의 조약돌과 조개껍질로 덮인 백사장이었다. 예수가 도착한 것을 보자마자 사람들은 자신들의 병든 친구들을 예수에게 데려오기 시작했다. 많은 이들이 너무 아파서 걷지도 못했고 작은 침대나 매트리스에 실려 와서 예수의 발치에 눕혀졌다. 단지 예수나 그의 옷을 만지는 것만으로도 그들은 병이 나았다.

예수를 왕으로 삼기로 마음먹은 사람들은 예수가 어디로 가든 그를 따라다녔다. 과거에 예수와 함께 있던 몇몇 사람들도 마찬가지였다.

"선생님, 언제 여기에 오셨습니까?" 그들이 물었다. 예수는 그들이 자신의 가르침보다는 자신의 선물에 더 신경을 쓴다는 것을 알았다.

"여러분은 기적을 보았기 때문에 나를 찾는 것이 아니라 빵 덩어리를 먹게 되어 기쁘기 때문에 나를 찾는 것이오." 예수가 말했다. p.131 예수는 그들이 썩어 없어질 음식을 위해서 일해서는 안 되고 영원히 지속될 음식을 위해 일해야 한다고 말했다.

그들은 여전히 예수가 어떤 경이로운 일을 행하기를 바랐다.

"어떻게 하면 저희가 하나님의 일을 할 수 있을까요?" 그들이 물었다.

"이것이 하나님의 일이오." 예수가 말했다. "하나님이 보내신 사람을 믿으시오." 그러나 그들은 빵의 기적을 기억하고 있었다.

"저희에게 증표를 보여 주십시오." 그들이 말했다. "우리 선조들은 사막에서 만나를 먹었습니다."

"여러분은 하나님의 양식을 이미 받았소. 하나님은 여러분에게 생명을 주셨소."

그러고 나서 예수가 많은 사람들이 자신에게서 등을 돌렸다는 내용의 자기 자신에 관한 이야기를 했다. 예수는 그들에게 자신은 절대로 속세의 왕이 될 수 없다는 것을 알려 주었다. 예수는 오직 그들에게 줄 성령에 관한 것들만 가지고 있을 뿐이었다.

p.132 "나는 생명의 빵이다." 예수가 말했다. "내게로 오는 자는 굶주리지 않을 것이고 나를 믿는 자들은 목마르지 않을 것이다. 나는 내게로 오는 자는 누구든 돌려보내지 않을 것이다. 나는 천국에서 내려온 살아 있는 양식이다. 누구든 이 빵을 먹으면 영원히 살 것이다."

그러자 유대 인들이 불쾌해하며 자기들끼리 이야기를 하려고 몸을 돌렸다. 그들은 예수가 뜻하는 바를 이해할 수가 없었다. 하지만 그들은 예수를 유대 인의 왕으로 삼으려는 자신들의 계획에 그가 동의하지 않을 것이라는 것을 명백히 알았다. 그들은 예수가 자신들을 로마 인들로부터 해방시켜 새로운 유대 민족을 만들어 주기를 원했던 것이다.

그들은 예수를 따르는 것을 원하지 않았지만 예수가 그들의 계획에 따르기를 원했다.

"이것이 여러분을 화나게 하는가? 만약 사람의 아들이 하늘로 올라가는 것을 본다면 어떻겠는가? 여러분이 필요로 하는 것은 바로 성령이다. 육신은 여러분에게 아무것도 주지 않는다. p.133 내가 여러분에게 하는 말이 바로 성령이고 그것이 생명이다."

많은 사람들이 예수에게 등을 돌리고 실망해서 집으로 갔다.

"너희도 가겠느냐?" 예수가 사도들에게 물었다.

"주님, 저희가 누구에게 가겠습니까? 주님은 영생에 관한 말씀을 가지고 계십니다. 저희는 주님이 하나님의 살아 계신 아드님이라는 것을 믿고 확신합니다."

"내가 너희 열두 명을 고르지 않았더냐?" 예수가 말했다. "하지만 너희 중 한 명은 마귀다."

이미 악령이 유다의 마음속에 들어가 있었다.

예수와 함께 한 여행

p.134 예수는 제자들과 함께 두로와 시돈의 국경 안으로 들어갔다. 예수는 유월절 축제에 가지 않았는데, 예수와 사도들에 대한 유대 인들의 분노가 점점 더 폭력적이 되어 가고 있기 때문이었다. 많은 유대 인들이 자신들이 지혜롭고 신앙심이 깊다고 생각해서 교만해졌고 예수는 다른 사람들을 돕기로 결심했다.

p.135 예수가 도착했다는 것이 알려졌을 때, 유대 인이 아닌 몇몇 사람들이 예수에게 왔다. 한 명은 딸이 악령에게 괴롭힘을 당하는 수리아 여인이었다. 사도들은 이 소녀가 외국어로 울부짖으며 자신들을 따라오고 있는 소리를 듣는 것을 좋아하지 않았다. 그들은 예수에게 그 여인을 쫓아버리라고 청했다.

"아이의 빵을 빼앗아 그것을 개들에게 주는 것은 옳지 않다." 예수가 그 여인에게 말했다.

"네, 하지만 개들은 주인의 식탁에서 떨어진 빵부스러기를 먹습니다."

"오, 여인이여. 그대의 믿음이 아주 크구나!" 예수가 외쳤고 그녀의 딸이 나왔다.

예수는 큰 바다로 내려가지 않았다. 예수는 레바논의 산들 주변에 있는 언덕을 향해 북쪽으로 갔다. 그들은 레바논의 마을들에 잠깐 들렀고 마침내 헤르몬 산의 기슭에 도착했으며 요단강에 이르렀다.

p.136 그들이 갈릴리 호수의 동쪽에 있는 데카폴리스에 들어갔을 때, 치료받고자 하는 사람들이 다시 떼를 지어 예수에게 왔다. 그곳에서 예수는 들을 수도, 말할 수도 없는 한 남자를 낫게 해 주었다.

가다라에 왔을 때, 예수는 치료를 받으려고 병자들을 데리고 오는 군중을 발견했다. 예수가 미친 남자를 낫게 했던 8개월 전에는 사람들이 그를 두려워했지만 이제 그들은 예수에게 치료해 달라고 애걸했다.

그때 벳새다에서 예수는 눈먼 자의 눈을 뜨게 했다. 예수는 그가 병을 낫게 해 준 사람들에게 무슨 일이 일어났는지 다른 사람들에게 알리지 말라고 했지만 그들은 절대 듣지 않았다. 그들은 자기들이 아는 모든 사람들에게 이야기했다.

기독교 안식일 / 베드로의 신앙 고백

p.137 어느 안식일에 예수는 제자들과 산책하고 있었는데, 그들이 곡식이 무르익은 들판에 이르렀을 때는 천국에 대해 이야기하고 있었다. 그들은 예수의 가르침을 들으며 영혼의 양식을 모으고 있었다. p.138 그들은 곡을 보았을 때, 배가 고팠다. 그들 중 몇 명은 밀의 이삭 부분을 가져다가 밀알을 먹기 시작했다.

예수와 제자들을 지켜보라고 유대 지도자들에게 명령 받은 몇몇 사람들이 그들을 바짝 따라가 무언가 잘못하는 일이 있는지 살폈다. 그 시절에는 안식일에 사람들이 할 수 있는 것과 할 수 없는 것에 대해 매우 엄격한 규율이 있었다.

"보십시오! 당신의 제자들이 안식일에 율법을 어기고 있소." 그들이 말했다.

예수는 회당으로 들어가 사람들을 가르쳤다. 오른손을 쓸 수 없는 남자가 있었다. 첩자로서 예수를 따라다니던 바로 그 사람들이 회당에서 예수를 지켜보고 있었다.

"일어나 내 앞에 서시오." 예수가 그 병든 남자에게 말했다.

그 남자가 일어났다. 예수는 자신이 율법에 금지된 어떤 일을 할지 열심히 지켜보고 있는 첩자들에게 돌아섰다.

p.139 "안식일에 선을 행하는 것이 합법적인가, 아니면 악을 행하는 것이 합법적인가? 생명을 구하는 것이 옳은가, 아니면 죽이는 것이 옳은가?" 예수가 그들에게 물었다. 그 사람들은 너무 두려워서 대답하지 못했다. "그대의 손을 주시오." 예수가 그 남자에게 말했다.

전에 그 남자는 손을 움직일 수가 없었지만 갑자기 그는 왼손을 움직이는 것처럼 오른손을 움직였다.

그 첩자들은 매우 화가 나서 떠났고 예수를 곤경에 빠뜨리기 위한 계획을 세우려고 애썼다.

예수가 데카폴리스라는 지방에서 그의 여행을 거의 끝마칠 무렵이 되었다. 그들은 갈릴리의 유대 인들과 달랐다. 그들 중 몇몇 사람들은 유대 인이 아니었고 그 지역의 험하고 바위투성이인 언덕 사이에서 살았다. p.140 그들은 가난하고 무지했지만 지혜롭고 사악한 유대 지도자들이 준비를 해 왔던 것보다 예수를 받아들일 준비가 더 많이 되어 있었다.

예수는 병들고 가난한 그들에게 자애로웠고 그들은 병든 사람, 절름발이, 귀머거리, 장님과 함께 예수를 따랐다.

예수는 험한 산악 지역에서 그들을 가르쳐 오고 있었고 사람들은 집으로 가기 위해 예수를 떠나려고 하지 않았다.

"사람들이 사흘째 먹지 않았다. 음식을 먹이지 않고서 나는 그들을 보내지 않을 것이다."

제자들은 광야에서 그렇게 많은 사람들을 먹일 음식을 어디에서 찾아야 할지 궁금해했다.

하지만 예수는 일곱 개의 보리빵과 몇 마리의 작은 물고기가 있다는 것을 알고 사람들에게 땅에 앉으라고 말했다. 그는 그것들을 나누어 제자들에게 주고 제자들은 사람들에게 주었다.

p.141 예수의 손에서 나온 빵을 가져간 사람들은 여자와 아이들을 제외해도 남자만 4,000명이 있었다. 모두가 먹은 후 그들은 남은 음식을 담은 일곱 개의 바구니를 들어 올렸다.

예수는 그들에게 그것을 지혜롭게 사용하고 아무것도 낭비하지 말라고 가르쳤다.

사람들을 집으로 보냈을 때 예수는 제자들과 함께 고깃배를 타고 갈릴리 호수를 건넜다. 유대 지도자들이 그곳에 있었고 예수에게 질문을 할 준비를 갖추고 있었다. 그들은 예수에게 하늘에서 내린 증표를 보내 달라고 말했다.

"오직 사악한 사람들만이 증표를 찾는다." 예수가 말했다. 그들은 자신들의 죄로부터의 용서를 구해야 했다.

그리고 나서 예수는 그들을 떠났다. 그들의 마음이 굳어 있음을 보았기 때문이었다.

p.142 또 다시 그들은 작은 배를 타고 갈릴리 호수의 북단으로 여행을 했다. 그런 다음 그들은 초록빛 구릉의 경사면에 앉았다.

"유대 지도자들과 학자들을 믿지 마라." 예수가 말했다.

제자들은 예수를 이해하지 못하고 그들이 무엇을 먹게 될지를 궁금해했다.

그때 예수는 그들의 믿음이 약한 것을 보고 그들에게 음식보다 사악한 사람들을 더 걱정하라고 말했다.

그들은 훨씬 더 북쪽으로 걸어갔다. 그들은 세상에서 가장 아름다운 곳 중 한 곳인 가이사랴 빌립보에 다다랐다. 그곳은 헤르몬 산 근처 바다 위 높은 곳에 있었다. 옛 그리스 사람들은 그곳을 사랑하여 자연의 신을 위한 성전을 그곳에 지었다.

이곳에는 유대 인보다 유대 인이 아닌 사람들이 더 많이 있었다. 그곳은 여름에 즐기기에 좋은 마을이었고 다른 도시에서 온 사람들이 궁전, 성전, 온천, 극장, 그리고 조각상들이 있는 이 도시에 왔다. p.143 이 사람들은 예수의 말을 듣는 것을 바라지 않았다. 하지만 이곳에서 예수는 홀로 기도할 수 있었다. 한 번은 예수가 기도 후에 제자들에게 자기 자신에 관한 질문을 했다.

"사람들이 나를 누구라고 하느냐?" 그가 물었다.

"어떤 사람들은 스승님을 세례 요한이라고 생각하고 어떤 사람들은 다시 삶을 살고 있는 옛 선지자 중 한 명이라고 합니다." 제자들이 대답했다.

"그런데 너희들은 내가 누구라고 말하느냐?" 그가 물었다.

"스승님은 하나님의 아드님이십니다." 베드로가 말했다. 예수는 이 말을 듣고 기뻤다. 많은 이들이 의심을 하게 되었기 때문이다.

예수는 베드로의 진실한 믿음이 그의 이름과 같다는 것을 알았는데, 베드로는 '돌'을 의미했다.

"너는 베드로이고 이 반석 위에 있다. 그리고 나는 나의 교회를 세울 것이다."

베드로의 진실한 믿음은 또한 예수가 대변하는 다른 제자들의 마음속에도 있었다.

p.144 예수는 그들에게 자신이 곧 예루살렘으로 가서 제사장들과 서기관들, 그리고 장로들에게 많은 고통을 당해야 할 것이라고 말했다. 예수는 그들에게 죽임을 당하고 사흘째 되는 날 죽은 자들 사이에서 다시 일어날 것이라고 말했다.

그러고 나서 예수는 그들이 자신을 따른다면 당해야 할 것들에 대해 각오해야 한다고 명백히 말했다. 그들은 세속적인 명예나 재산을 바라서는 안 되었다. 그들은 오직 하나님께만 순종해야 했다.

예수는 누구든 이 세상만을 위해 살고 싶어 하는 사람은 모두 잃을 것이나 하나님을 위해 기꺼이 모든 것을 잃으려는 사람은 영생을 찾게 될 것이라고 말했다.

"그리고 우리는 예수의 영광을 본다" / 어느 아버지의 믿음

p.145 예수는 제자들과 가이사랴 빌립보 근처에서 일주일 동안 머물렀다. 그 마을 사람들은 맛좋은 올리브 오일을 만들고 있었다. 그 일주일 동안 예수는 마을 사람들과 멋진 이야기들을 많이 나누었음이 틀림없다.

p.146 어느 날 저녁 그들은 헤르몬 산의 기슭으로 갔다. 예수는 제자들이 산 밑에서 그를 기다리게 남겨두고서 베드로 그리고 야고보와 요한 형제만 데리고 산을 올랐다. 예수가 기도를 하기 위해 그들에게서 조금 떨어진 곳으로 간 동안 세 명의 제자는 예수를 기다렸다. 높은 곳의 맑은 공기를 마셨을 때 그들은 천국에 아주 가까이 있는 듯했다. 그들은 피곤해져서 잠이 들었다.

잠을 자는 동안 그들은 예수가 기도할 때 그의 얼굴에서 어떤 변화를 본 것 같았다. 예수의 옷이 희게 변하더니 햇빛을 받은 헤르몬 산의 눈처럼 빛나고 있었다. 그들은 또한 모세와 엘리야로 알려진 듯한 두 남자가 예수와 함께 있는 것을 보았다.

그들은 또한 그들이 예수가 예루살렘에서 어떻게 죽게 될지에 대해서 예수와 대화하고 있는 것을 들었다. 그러더니 예수 주변의 빛이 해질 무렵의 밝은 구름처럼 보일 때까지 커졌다. 그들은 빛으로 감싸였고 두려움을 느꼈다.

p.147 "이 사람은 내가 사랑하는 아들이다." 그들은 하나님의 목소리가 말씀하시는 것을 들었다. "그의 말을 들으라."

그 목소리가 흘러갔을 때 그들은 올려다보고서 그곳에 홀로 있는 예수를 보았다.

"일어나라. 그리고 두려워하지 마라." 예수가 그들에게 말했다.

예수는 그들에게 자신이 죽은 자들로부터 일어날 때까지 아무에게도 그들이 본 계시를 말하지 말라고 일렀다.

산에서 내려왔을 때, 그들은 몇몇 유대 인 율법학자들이 그곳에서 제자들의 무리와 언쟁을 벌이고 있는 것을 발견했다. 그들은 예수를 보자마자 모두 그에게 달려가 인사를 했다.

"선생님, 제가 제 아들을 데려왔습니다. 그 아이 몸속에는 아이가 말을 할 수 없게 만드는 귀신이 있습니다." 한 남자가 예수에게 말했다. 그는 예수의 제자들이 그를 도와줄 수 없었다고 말했다.

p.148 "그를 내게 데려오시오." 예수가 말했고 그들이 그를 데려왔다.

"얼마동안 아이 몸속에 이 귀신이 있었소?" 예수가 물었다.

"이 아이가 아주 어렸을 적부터입니다." 아이의 아버지가 말했다. "때때로 이 아이는 불 속에 뛰어들거나 스스로 물에 빠져 죽으려고 합니다."

"그대가 믿는다면 모든 것이 가능하오."

"주님, 저는 믿습니다!" 아이의 아버지가 외쳤다.

예수는 악령에게 그 소년을 떠나라고 명령했다. 소년은 움직이는 것을 멈췄다.

"왜 저희는 악령을 쫓아낼 수 없나요?" 후에 제자들이 물었다.

"이런 종류의 귀신은 기도로 쫓아내야 한다."

그러고 나서 제자들은 예수가 곧 어떤 식으로 죽어야 하는지에 관한 예수의 말에 슬퍼하며 귀를 기울였다.

예수와 어린이들 / 갈릴리를 떠나다

p.149 예수와 제자들이 갈릴리로 들어가는 언덕을 넘었을 때 그들 중 몇 명은 예수가 정말로 죽을까 하고 궁금해했다.

"그분은 왕이 되실 거야." 제자들은 생각했다. 그들은 그들 중에서 누가 예수의 왕국에서 최고로 선택 받을까에 대해 논쟁을 하기 시작했다.

p.150 "무엇을 논의하고 있느냐?" 예수가 그들에게 물었다.

제자들은 아무 말도 하지 않았다. 부끄러웠기 때문이었다. 어린아이 한 명이 이야기를 들으며 근처에 서 있었다. 그 아이는 자신도 또한 제자가 될 수 있기를 바랐다.

예수는 그 아이를 불렀고 아이는 기뻐하며 예수에게 왔다.

"너희들이 어린아이처럼 되지 않는다면 너희들은 천국에 들어가지 못할 것이다. 조심하고 어린아이를 미워하지 않도록 해라. 아이들은 언제나 천국을 볼 수 있다."

예수는 또한 잃어버린 자신의 아이를 찾는 한 아버지의 사랑에 관한 이야기를 해 주었다. 만약 어떤 목자가 자기의 100마리의 양 중에 한 마리를 잃어버린다면 그는 그 잃어버린 양을 찾기 위해 험한 산 속으로 들어가려고 다른 양들을 모두 남겨둘 것이다. 아버지는 자신의 자녀를 위해 더한 것도 할 것이라고 했다.

p.151 "하나님은 하나님의 어떤 자녀들도 죽게 내버려두지 않으실 것이다."

예루살렘의 축제에 가기 전에 주 예수는 제자들에게 그들이 세상과 서로를 사랑하고 용서하는 것을 도와줄 여러 가지 이야기를 해 주었다. 제자들은 곧 그들의 사랑과 믿음을 시험할 곤경과 맞닥뜨리게 될 것이었다. 예수는 그들이 도움을 구할 때 하늘로부터 도움을 얻을 것이라고 제자들에게 말해 주었다.

"만일 제 형제가 일곱 번 저를 다치게 하면 그래도 저는 여전히 그를 용서해야 합니까?"

"너는 그를 일곱 번의 일곱 배를 용서해야 한다." 예수가 말했다. "우리는 우리가 용서하는 횟수를 세어서는 안 된다."

초막절 축제 기간에 사람들은 하나님께서 그들에게 주신 수확의 대가로 황금으로 만든 성전에 선물을 바치러 예루살렘으로 올라갔다.

p.152 그들은 기름, 포도주, 밀, 보리, 대추야자, 석류, 무화과를 가지고 왔다. 거룩한 도시를 향해 행진하는 동안 그들은 다윗 왕이 오래 전에 쓴

기쁨의 노래를 불렀다. 예수의 형제들은 예루살렘의 축제에 가기 위해 가버나움으로 내려왔고 그들은 또한 형에게 유대로 들어가 세상에 그를 선보이라고 청했다. 그들은 아직도 예수를 믿지 않았다.

"아직 나의 때가 오지 않았지만, 너희는 언제든 하나님의 말씀을 설파할 수 있다." 예수가 말했다.

그래서 그들은 여행에 나섰고 예수는 갈릴리에 머물렀다.

며칠 후 예수는 예루살렘에 당도하기 위해 사마리아를 거치는 길을 택했다. 사마리아 인들은 유대 인들에게 우호적이지 않았다. 예수와 제자들은 그곳에서 예수가 머물게 허락해 줄 장소를 찾을 수 없었다.

p.153 상냥한 요한과 그의 형제 야고보는 예수에게 베풀어진 그런 푸대접을 보고 화가 났다. 그들은 예수에게 그 마을을 파괴하라고 고했다.

"나는 생명을 죽이러 온 것이 아니다." 예수가 말했다. "나는 생명을 구하려 왔다."

그리고 그들은 또 다른 마을로 갔다. 가는 길에 그들은 제자들이 따르는 것처럼 예수를 따르고 싶어 하는 남자들을 발견했다. 어떤 이들은 예수를 따를 준비가 되어 있지 않았다. 그들은 먼저 다른 일을 하는 것에 대해 계속 생각했다.

열두 제자 외에도 예수를 완전히 믿는 사람이 많았고, 그들은 다가올 왕국에 대해 다른 이들에게 이야기할 준비가 되어 있었다. 예수는 그들 중에 좋은 소식을 설파하는 사람이 일흔 명 있을 때까지 그 사람들을 여러 곳으로 보냈다. 그들은 예수의 이름으로 병자를 낫게 했다.

마르다의 집에서 / 선한 목자

p.154 예수가 예루살렘으로 가는 길을 가는 동안 한 율법학자가 와서 예수에게 질문을 했다. 그는 제자가 되기를 원하지는 않았지만, 영생을 갖기 위해 무엇을 해야 하는지 물었다.

예수가 율법학자에게 10계명이 영생에 대해 뭐라고 했는지 물었고, 율법학자는 하나님과 이웃을 사랑해야 한다고 말했다.

p.155 "맞소." 예수가 대답했다. "이렇게 하면 그대는 살 것이오."

"그러면 누가 내 이웃입니까?" 그 율법학자가 물었다.

그때 예수는 여리고에 내려갔다가 도둑들에게 거의 죽음을 당할 뻔했던 남자의 이야기를 해 주었다. 제사장 한 명과 신앙심이 깊은 남자 한 명이 그 남자 옆을 지나쳤다. 하지만 한 사마리아 인(사마리아 인들은 유대인들에게 멸시를 받았다)은 그 길로 왔다가 그 남자를 불쌍히 여겨 멈추어 섰다. 그 사마리아 인이 그 남자를 도와주었다. 그러고 나서 예수는 그 율법학자에게 이 세 사람 중 누가 이웃인지 물었다.

"그 착한 사마리아 인입니다." 율법학자가 말했다.

"가서 똑같이 하시오." 예수가 말했다.

예루살렘 근처에 왔을 때 예수는 베다니라는 작은 마을을 지나갔다. **p.156** 마르다가 예수를 환영하고 그에게 저녁을 지어 주었다. 그녀는 나사로라는 오빠와 예수가 하는 모든 이야기를 듣는 것을 아주 좋아하는 마리아라는 여동생이 있었다.

마르다는 명예로운 그녀의 손님을 대접하느라 무척 바빴고 마리아가 집 안에서 그녀를 도와주어야 한다고 생각했다. 대신에 마리아는 예수의 말을 듣고 있었다.

"마르다, 그대는 바쁘고 근심이 있지만, 마리아는 좋은 일을 하느라 바쁜 것이오." 예수가 말했다.

초막절 축제 동안 예수는 예루살렘에 있는 성전으로 올라갔다. 사람들이 죽 예수를 찾고 있었고 예수를 보자마자 그들은 예수의 주위에 몰려들었다.

어떤 사람들은 예수의 지혜에 놀라워했다.

"내 지혜는 나의 것이 아니오." 예수가 말했다. "하나님께서 내게 그것을 주셨소. 나는 여러분과 잠시만 함께 있을 것이오. 여러분은 나를 구할 것이고 나를 찾지 않을 것이오."

p.157 제사장들과 서기관들과 유대 지도자들은 듣고 있었지만 예수는 그들의 마음이 그의 말을 받아들이기에는 교만과 자기애로 너무 꽉 차 있다는 것을 알았다.

축제의 마지막 날이자 성대한 잔칫날에 예수는 서서 사람들에게 누가 그들의 집으로 돌아갈 참이냐고 외쳤다.

"만약 누구든 목이 마르면 내게 와서 물을 마시는 것을 허락하겠소." 예수가 말했다.

많은 사람들이 예수가 하나님의 아들이라는 것을 진정으로 믿었다. 하지만 어떤 사람들은 분노를 가득 품고 예수를 체포하기를 바랐다. 제사장들이 군인에게 예수를 체포하라고 했다.

"아무도 예수처럼 이야기한 적이 없어." 그들은 말하며 예수를 건드리려고 하지 않았다.

하지만 율법 박사인 니고데모는 예수의 친구였다. 니고데모는 제사장들에게 이야기하여 예수를 미워하지 말라고 설득했다.

p.158 예수는 다음날 다시 성전에서 가르쳤고, 모든 사람들이 그의 말을 들으러 왔다.

사악한 서기관들과 제사장들이 예수에게 죄 지은 불쌍한 여인을 데려왔다. 그들은 예수에게 법에 따라 그 여인은 돌에 맞아 죽임을 당해야 한다고 했다. 예수는 대답하지 않았지만 마치 그들의 말을 듣지 못했다는 듯 자신의 앞에 있는 땅에 글을 쓰고 있는 것 같았다.

"그대들 중 죄 없는 자, 그에게 가장 먼저 돌을 던지게 하시오." 예수는 땅에 글을 썼다. 아무도 예수에게 대답하지 않았지만, 너무 부끄러워 말을 못하고 한 사람씩 떠났다.

"누가 그대에게 돌을 던졌소?" 예수가 여인에게 물었다.

"아무도 없습니다, 주님." 그녀가 말했다.

"가서 더 이상 죄를 짓지 마시오." 예수가 그녀에게 말했다.

"나는 세상의 빛이다." 예수는 성전의 보물 앞에서 말했다. "나를 따르는 사람은 어둠 속에서 걷지 않을 것이다. p.159 그는 생명의 빛을 가질 것이다."

예수의 적들은 군중이 예수에게 반대하여 돌아서게 하려고 애썼다. 그들은 예수가 안식일에 사람을 낫게 했다는 것을 듣고 그에게 화가 났다. 하지만 예수는 사람들을 돕기를 갈망했기 때문에 그들을 무시했다.

"나는 착한 목자다." 예수가 말했다. "나는 내 양들을 알고 내 양들은 나를 안다. 나는 양들과 이 양 떼 속에 속하지 않는 내가 소유하고 있는 다른 양들을 위해서도 내 목숨을 내려놓는다. 나는 또한 그들을 데려와야 하고 그들은 내 목소리를 들을 것이다."

하지만 유대 지도자들은 예수의 말을 귀담아 들으려고 하지 않았다. 그들은 예수에게 돌을 던져 세 번 그를 죽이려고 했지만 그들은 예수를 다치게 할 수 없었다. 그러고 나서 예수는 요단강 너머로 떠났다.

예수가 해 준 교훈이 담긴 이야기

p.160 "주님, 세례 요한이 또한 그의 제자들을 가르쳤던 것처럼 저희에게 기도하는 법을 가르쳐 주십시오." 예수의 제자들이 예수에게 부탁했다.

그러자 예수는 그들에게 주기도문이라는 아름다운 기도문을 가르쳐 주었다.

"구하라, 그러면 얻을 것이다." 예수가 말했다. "구하라, 그러면 찾을 것이다. 두드려라, 그러면 문이 열릴 것이다."

p.161 예수는 요단의 동쪽 베레아라는 지방에서 사람들을 가르치고 있었는데, 예수는 제자들이 기억해 놓았다가 나중에 책에 쓸 많은 이야기를 해 주었다.

예수는 3년 동안 사람들을 가르치고 있었고, 서른세 살이었다.

베다니에 살던 사람들 중 일부는 예수의 말을 잘 들었다. 그들은 상냥한 사람들이기 때문이었다. 비록 그들이 책에서 많이 배우지는 못했지만 그들은 제사장들과 지도자들보다 더 지혜로웠다. 예수는 이 사람들이 기억할 많은 이야기들을 들려주었다.

'포도밭의 무화과나무'와 '훌륭한 저녁 식사'와 '어리석은 부자' 이야기는 속세의 물건을 천국보다 더 사랑하지 말라고 사람들에게 경고하는 이야기들이었다.

p.162 복음서 안에 있는 비유라고 불리는 세 가지 이야기는 잃어버린 것들에 대한 것인데, 바로 '잃어버린 양'과 '잃어버린 돈 한 푼', '잃어버린 아들'이다. 그 이야기들은 하나님의 자녀에 대한 하나님의 커다란 사랑을 보여 주려고 우리에게 제공되었다. 만약 누군가가 길을 잃으면 하나님께서는 항상 그를 찾으실 것이다. 이 이야기들은 자녀들을 하나님 아버지의 집으로 부른다.

여기에 잃어버린 아들에 관한 이야기가 있다.

옛날에 두 아들을 둔 부자가 있었다.

"아버지, 아버지가 돌아가시면 저에게 주실 작정인 재산을 모두 저에게 주십시오." 작은아들이 그에게 와서 말했다.

그래서 아버지는 작은아들에게 그의 몫을 주었다. 며칠 후에 그 아들은 그 재산을 전부 모아 긴 여행을 떠나기로 결심했다. 아들은 먼 나라로 가서 친구처럼 보였지만 실제로는 그의 최악의 원수들이었던 나쁜 사람들 사이에서 그 돈을 모두 썼다.

p.163 돈을 모두 쓰고 난 후에 그는 일을 찾아야 했다. 그는 돼지를 돌보는 일을 했다. 때때로 그는 돈을 구걸했으나 아무도 그에게 돈을 주려고 하지 않았다.

'우리 아버지는 아버지의 하인들을 먹여 주고 있는데 나는 굶주리는구나!' 그 청년은 생각했다. '나는 아버지께 가야겠다. 나는 아버지의 아들이 될 자격이 없으니 아버지의 하인 중 한 명으로 삼아 달라고 부탁해야겠다.'

그 아버지는 그의 잃어버린 아들을 기다리고 있었음이 분명하다. 왜냐하면 아들을 보았을 때 그는 아들에게 달려갔기 때문이다. 아버지는 아들에게 팔을 두르고 그에게 입을 맞추었다. 아버지는 하인들에게 잔치를 준비하라고 말했다.

"내 아들이 죽었다가 다시 살아났다. 자식을 잃었다가 찾았다." 아버지가 말했다.

큰아들은 밭에 나가 있었으나 집에 왔을 때 음악 소리와 춤추는 소리를 들었다. p.164 동생이 돌아왔다는 소식을 들었을 때 큰아들은 매우 화가 나서 안으로 들어가려고 하지 않았다. 그의 아버지가 그에게 집에 들어와서 동생에게 인사하라고 애원하기 위해 밖으로 나왔다.

"저는 아버지를 수십 년 동안 섬겨 왔고 아무런 잘못도 저지른 적이 없습니다. 하지만 아버지께서는 저에게 한 번도 잔치를 베풀어 주지 않으셨습니다."

"아들아, 너는 언제나 나와 함께 있다. 내가 가진 모든 것이 너의 것이다. 네 형제가 돌아온 것을 축하하자."

예수가 베레아에 있는 동안 들려준 다른 이야기들이 있다. 하나는 '부정한 청지기'이고 다른 하나는 '부정한 심판관' 이야기이다. 또 다른 이야기는 '디베스와 나사로' 또는 '부자와 거지'라고 불린다.

'바리새 인과 세리'라는 비유는 기도를 하러 성전으로 올라간 두 남자의 이야기를 한다. 바리새 인은 유대의 율법과 종교를 연구해 온 유대 인이다. p.165 그들은 예수가 살던 시대에 잘 알려지고 존경받던 사람들이었다. 세리는 평범한 유대 인이다.

'하나님, 제가 세리와 같지 않은 것에 대해 감사드립니다.' 바리새 인은 생각했다. '저는 항상 기도하며 저의 재산 전부를 회당에 바칩니다.'

"하나님, 제게 자비를 보여 주소서. 저는 나쁜 인간이기 때문입니다!"

세리가 하나님께 말했다.

"하나님은 세리가 겸손했기 때문에 세리에게 더 흡족해 하셨습니다."
예수가 사람들에게 말했다.

죽은 사람을 깨운 목소리 / 하나님 왕국의 자녀들

p.166 예수와 제자들이 여전히 요단강의 동쪽에 있을 때 예수는 한 전령으로부터 편지를 받았다.

"주님, 보십시오! 주님께서 사랑하시는 사람이 병들었습니다!"

그것은 오빠 나사로를 걱정하는 마리아와 마르다로부터 온 것이었다. 예수는 자신이 있던 곳에서 이틀을 더 있었다.

p.167 "다시 유대로 들어가자." 마침내 예수가 말했다.

제자들은 예수에게 그곳에 있는 유대 인들이 예수의 목숨을 빼앗으려고 한다는 것을 상기시켰다.

"우리의 친구 나사로가 잠을 잔다." 예수가 말했다. "하지만 내가 나사로를 잠에서 깨울 것이다. 나사로가 죽었다."

"우리도 함께 가서 그와 함께 죽을 수 있게 하소서." 도마가 슬픔이 가득하여 말했다.

베다니는 예루살렘에서 멀지 않았고, 그들이 마르다의 집에 도착했을 때 나사로는 죽은 지 나흘째였다. 나사로는 돌무덤에 안치되어 있었다. 예루살렘 출신의 많은 유대 인들이 마르다와 마리아를 위로하러 베다니로 나왔다.

마르다는 예수가 오고 있다는 소식을 들었을 때 그를 맞으러 달려왔지만, 마리아는 집 안에서 가만히 앉아 있었다. 마리아는 아마 예수가 너무 늦게 왔다고 생각했던 것 같다.

p.168 "그대들의 오빠는 다시 일어설 것이오." 예수가 말했다.

"이 세상이 끝날 때 제 오빠가 다시 일어설 것임을 저는 압니다." 마르다가 말했다.

"나는 생명이오. 나를 믿는 자는 비록 죽는다 해도 다시 살 것이오. 누구든 살아서 나를 믿는 자는 결코 죽지 않을 것이오. 그대는 이것을 믿으시오?"

"네, 주님." 마르다가 대답했다. "저는 선생님께서 그리스도, 그러니까 하나님의 아드님이심을 믿습니다."

그러고 나서 마르다는 시끄럽게 울고 있는 사람들이 듣지 못하게 조용히 마리아를 불렀다.

"선생님께서 오셔서 너를 부르신다." 마르다가 말했다.

그러자 마리아가 재빨리 일어나 예수를 만나러 갔다. 마리아를 위로하려고 애쓰고 있던 사람들은 그녀를 따라갔다. 마리아가 무덤에서 통곡하려고 그곳으로 가는 것일 거라고 생각했기 때문이었다. 하지만 사람들은 마리아가 예수를 만나러 가고 그의 발치에 쓰러지는 것을 보았다.

p.169 "주님, 주님께서 여기 계셨다면 제 오빠는 죽지 않았을 거예요." 마리아가 말했다.

마리아와 그녀의 누이, 그들의 친구들의 눈물을 보았을 때 예수도 역시 울었는데, 나사로 때문이 아니라 그들에게 감동을 받아서였다.

그들은 예수를 돌이 얹혀 있는 동굴, 즉 나사로의 무덤으로 데리고 갔다. 예수는 그들에게 돌을 치우라고 했다.

"나사로, 앞으로 나오거라!" 예수가 불렀다.

군중은 흰 옷을 입은 남자가 어둠에서 나와 돌계단을 올라오려고 하는 것을 보았다. 사람들의 마음에는 기쁨이 충만했다. 이후 많은 사람들이 예수를 믿었지만 어떤 사람들은 가서 바리새 인들에게 그 일에 대한 모든 것을 일러바쳤다.

베레아는 봄이었고 요단의 골짜기는 새들의 노랫소리와 야생화로 가득했다. p.170 사람들은 예수를 따라다녔는데, 그가 야외에서 그들을 가르쳤기 때문이었다. 제자들은 사람들 때문에 바빴다. 제자들은 우둔한 사람들에게 설명을 해 주어야 하거나 스승에 대해 무언가 물어보고 싶어 하는 사람들의 말을 들어주어야 하거나 호기심이 많은 자들을 자제시켜야 했다. 이런 일은 그들이 지나가는 모든 골짜기에서 일어났음이 분명하다.

어머니들은 자녀들이 랍비의 축복을 받는 것을 아주 좋아했으므로 또한 예수가 그들의 자녀를 축복해 주는 것도 원했다.

어느 날 몇몇 어머니들이 어린 자녀들을 예수에게 데리고 왔고 그들을 축복해 달라고 예수에게 간청했다. 제자들은 어머니들에게 물러서라고 하고 스승이 사람들을 가르치는 동안 스승을 곤란하게 하지 말라고 했다. 하지만 예수는 모든 아이들이 이미 그에게 축복 받았다는 것을 분명히 했다.

이곳에서 사람들을 가르치는 일을 마친 후 예수는 예루살렘을 향하여 걷기 시작했다.

예수가 사랑한 청년

p.171 어느 날 한 젊고 부유한 지도자가 예수를 쫓아 달려왔다.
"훌륭하신 선생님, 영생을 얻으려면 제가 어떻게 해야 할까요?" 그가 물었다.

예수는 그에게 오직 하나님만이 선하신 분이라고 하며 부드럽게 말을 건넸다. p.172 예수는 그에게 하나님의 율법을 따르라고 했다.

"저는 어린아이였을 때부터 하나님의 율법을 모두 따랐습니다." 그 청년이 말했다.

그를 올려다보았을 때 예수는 그가 진심으로 좋은 사람이 되려고 노력하고 있는 중이라는 것을 알았다. 그는 랍비들로부터 사람은 율법을 지키고 착한 일을 행함으로써 구원 받을 수 있다고 배워 왔다. 그는 천국이 자신의 마음속에서 시작되어야 한다는 것을 알지 못했다.

그의 마음을 읽고 나서 예수는 그가 마음에 들었고 그가 진리를 알게 되기를 간절히 바랐다.

"그대는 한 가지를 놓치고 있소." 예수가 말했다. "그대가 가진 것을 모두 불쌍한 이들에게 주고 와서 나를 따르시오."

이 말을 들었을 때 그 청년은 등을 돌렸다. 예수는 무척 슬펐다. 그가 무척 부유하고 그가 다른 어떤 것을 사랑하는 것보다 자신의 재물을 사랑한다는 것을 알게 되었기 때문이었다.

"부자가 하나님의 왕국에 들어가는 것보다 낙타가 바늘구멍을 통과하는 것이 더 쉽다."

p.173 "그럼 누가 구원 받을 수 있지요?" 또 다른 사람이 물었다.
"사람들에게 불가능한 일들이 하나님께는 가능하다." 예수는 말했다.

예루살렘으로 가는 마지막 여행

p.174 예수와 제자들이 마침내 예루살렘으로 가는 길에 들었을 때 예수는 자신의 죽음에 대해 걱정하기 시작했다. 제자들은 이것을 보고 깜짝

놀랐고 예수를 걱정했다. 예수는 그들에게 자신이 어떻게 죽게 될지에 대해 모든 것을 이야기해 주었다. 제자들은 그것을 믿으려고 하지 않았다. 그들은 예수가 이 세상의 왕이 될 것이라고 생각했다.

p.175 예수는 그들에게 온화하게 말을 건네며 그들에게 겸손하라고 말했다.

"너희들은 모든 사람에게 종이 되어야 할 것이다. 너희들은 섬김을 받으려고 이곳에 있는 것이 아니다. 대신 너희가 섬겨야 한다." 예수가 제자들에게 말했다.

예루살렘은 유월절 축제 기간이었다. 요단강을 건너 여리고 평야를 넘어갔을 때, 그들은 축제에 가고 있는 몇몇 흥겨운 사람들의 무리와 합류했다. 어떤 사람들은 낙타와 나귀를 타고 있었고 또 어떤 사람들은 내다 팔 물건들을 가지고 있었다.

골짜기는 장미와 다른 꽃들로 가득했다. 그곳의 훌륭한 장미 정원 때문에 사람들이 동방에 팔 향수를 만드는 것은 바로 이 계곡에서였다. 그곳은 심지어 겨울에도 따뜻했다.

그렇게 유월절 순례자들이 여리고에 들어갔다.

p.176 여리고에는 가버나움의 마태처럼 부유한 세리인 삭개오라는 사람이 있었다. 삭개오는 예수가 지나갈 때 그를 보고 싶어 했지만, 군중이 너무 많았고 그는 키가 사람이었다. 그래서 삭개오는 예수를 보기 위해 달려가 무화과나무 위로 올라갔다.

"삭개오, 내려오시오. 오늘 내가 그대 집에 묵어야겠소." 예수는 삭개오를 보았을 때 말했다.

삭개오는 예수를 돕게 되어 아주 기뻤다. 하지만 어떤 사람들은 그 사람처럼 나쁜 사람이 예수를 돕는 영광을 누려서는 안 된다고 불평했다.

"저기요, 주님." 삭개오가 예수에게 말했다. "저는 오늘 가난한 이들에게 제 재산의 절반을 줄 것입니다."

"오늘 그대는 구원 받았소!" 예수가 기뻐하며 말했다.

"예수여, 다윗 왕의 자손이여, 제게 자비를 베푸소서!" 눈먼 거지 한 명이 여리고 바로 밖에서 예수를 불렀다.

p.177 예수는 그 외침을 듣고 그를 불렀다. 예수가 그의 눈을 뜨게 하니 그는 예수를 따라왔다.

순례자들은 가파른 돌투성이 길을 걸어 여리고에서부터 예루살렘까지 올라갔다. 그것은 힘든 길이어서 동물을 타고 갈 수 있는 사람들은 운이 좋은 것이었다.

6시간이 걸리는 여정이었고 그들이 감람산의 초록빛 고지에 도달했을 때 그들은 베다니 마을로 들어갔다. 그곳에서 예수는 마리아와 마르다의 집에서 휴식을 취했다. 그들은 예수에게 잔치 음식을 만들어 주었다.

그것은 거룩하고 행복한 시간이었지만 슬픔이 그늘진 시간이었다. 예수가 다시 자신의 죽음에 대해 말했다.

저녁 식사 도중에 마리아가 매우 값비싼 향수 상자를 가지고 와서 예수의 머리와 또한 발에 부었다. p.178 열두 제자 중 한 명인 유다는 그것이 낭비라고 말했다. 마리아는 왜 그 향수를 팔아서 그 돈을 가난한 사람들에게 주지 않았단 말인가?

하지만 예수는 마리아가 무슨 일을 한 것인지 알았다.

"마리아를 내버려두어라." 예수가 말했다. "가난한 이들은 항상 너희가 그들을 돕게 해 주지만 너희는 나와 항상 같이 있지는 못할 것이다."

평화의 왕자

p.179 사람들의 행렬이 소리를 지르며 온 것은 아름다운 봄철이었다.

"호산나, 주님의 이름으로 오신 이스라엘의 왕은 축복 받으소서!" 사람들이 외쳤다.

p.180 사람들이 예수의 앞과 옆을 지나갈 때 얼굴을 들어 찬양하고 종려나무 가지를 흔드는 사람들로 길이 붐볐다. 예수는 예루살렘을 향해 나귀를 타고 갔다.

예수와 제자들이 예루살렘에 가기 위해 베다니를 떠난 후 예수는 새끼 나귀와 함께 나귀 한 마리를 자신에게 데려오도록 제자 가운데 두 명을 보냈다. 예수는 이 초라한 동물 위에 앉아서 도시로 들어가고자 했다.

예수와 친구들이 감람산으로 올라가고 있는 동안 그가 오고 있는 것을 알고 있던 많은 예루살렘 사람들이 그를 맞으러 왔다. 바리새 인들은 사람들이 왜 노래를 부르고 있는 것인지 보려고 나왔다가 화가 났다. 그들은 예수에게 사람들이 그에게 노래 불러 주는 것을 멈추게 하라고 말했다.

하지만 예수는 그들에게 사람들이 노래하는 것을 멈춘다면 바로 돌들이 울부짖을 것이라고 말했다. p.181 그들은 그들 앞에 성전이 있는 위대한 도시를 볼 수 있는 도로의 한 지점에 이르렀다. 전체 일행이 멈춰 섰다.

"이 도시의 평화는 오래 가지 않을 것이다!" 예수가 외쳤다.

예수는 원수들이 거룩한 도시를 에워싸고 도시를 파괴시킬 날들에 대해 이야기했다. 이로부터 50년 후 로마 인들이 거룩한 도시를 빼앗아 아름다운 성전을 불태웠다. 그들은 많은 사람들을 죽였다.

그렇게 예수는 기드론의 골짜기를 지나 내려가 성전에 이를 때까지 계속 불어나는 큰 행렬을 이끌고 도시의 관문을 통과하여 올라갔다. 예수는 성전이 다시 시장이 된 것을 보았다. 예수는 자신을 따르는 사람들과 함께 조용히 베다니로 돌아갔다.

성전 안의 자녀들

p.182 다음날 아침 예수는 제자들과 일찍 성전으로 갔다. 감람산을 넘어 가다가 그들은 열매가 열리지 않은 무화과나무를 지나쳤다. 그것은 바리새 인들 같았는데 그들은 신앙심이 있어 보였으나 실제로는 악했다.

"너한테 어떤 열매도 영원히 자라지 못하게 해라. 그리하면 너는 시들어 죽을 것이다." 예수가 말했다. "너에게 믿음이 있으면 너는 이 무화과나무처럼 되지 않을 것이다. **p.183** 네가 산에게 움직이라고 요구하면 산은 움직일 것이다. 너는 할 수 있다고 믿는 것은 무엇이든 할 수 있다." 다시 성전으로 왔을 때, 예수는 예전에 그랬던 것처럼 상인들과 환전꾼들을 내쫓았다.

병자들이 예수를 기다리고 있었고, 예수는 그에게 오는 모든 사람들을 낫게 해 주었다. 바리새 인들은 마음속으로 미워하며 관찰했다. 그들은 예수를 체포하고 싶어 했지만 갑자기 그들은 어린아이들이 예수를 찬양하는 노랫소리를 들었다.

그런 다음 예수는 그들을 떠났고 그의 충실한 친구들인 마르다, 마리아, 나사로의 집에서 휴식을 취하기 위해 다시 베다니로 돌아갔다.

성전에서 보낸 마지막 하루

p.184 예수가 성전으로 다시 일찌감치 온 것은 화요일이었다. 그날은 그곳에서 예수가 마지막으로 가르침을 베푸는 날이었다. 제사장들과 장로

들은 분노에 가득 차 있었다. 어찌하여 예수가 성전에서 사람들을 가르치며 자신이 원하는 사람이면 누구든 그곳으로 초대할 수 있다고 생각하는 것인가?

"누가 당신에게 여기에서 사람들을 가르칠 권리를 주었소?" 그들이 예수에게 물었다. p.185 예수는 질문을 함으로써 그들에게 대답했다.

"요한이 세례를 배푸는 권한은 하늘나라에서 받은 것이오, 아니면 사람들에게서 받은 것이오?"

그들은 '하늘나라에서'라고 대답하고 싶지 않았다. 그러면 예수가 자신도 하늘나라에서 내린 권한을 가지고 있다고 할 것이었기 때문이었다. 하지만 또한 '사람들에게서'라고 말하고 싶지도 않았다. 그러면 요한을 사랑했던 사람들이 그들에게 화를 낼 것이라고 생각했기 때문이었다.

"우리는 모르겠소." 마침내 그들이 대답했다.

"나도 역시 당신들에게 그 대답을 말해 줄 수 없소." 예수가 말했다.

그들은 자신들이 원하는 것을 찾을 수 없었다. 그들은 예수가 유대 율법에 어긋나는 무언가를 말하거나 행하는 것을 잡아내서 그를 로마 인들에게 데려갈 수 있기를 원했다.

"우리가 로마 황제 가이사에게 우리 재산을 주는 것이 옳은가?" 그들이 예수에게 물었다.

p.186 "내게 동전을 보여 주시오. 거기에 누구의 그림이 있소?" 그들은 예수에게 그것이 가이사의 그림이라고 했다. "그러면 가이사 소유의 것을 가이사에게 주시오. 그리고 하나님 소유의 것을 하나님께 드리시오."

그들은 예수의 대답에 담긴 지혜에 무척 놀랐다. 예수는 사실 그들에게 그의 왕국이 이 세상의 것이 아니라는 것을 말하고자 의도했던 것이다.

성전에서 하신 마지막 말씀

p.187 이날도 역시 성전의 보물 가까이에 앉아 있는 동안 예수는 가난한 과부가 오는 것을 보았다. 그녀는 가난한 자들 가운데서도 가장 가난했지만 무언가 바칠 것이 있었다. 그녀는 두 개의 작은 동전을 상자들 중 하나에 떨어뜨렸다. p.188 그것은 매우 적은 금액의 돈이었지만 그녀가 가진 전 재산이었다.

예수는 그녀의 믿음을 보았고, 그녀는 예수의 축복을 받았다.

"진정으로 작은 동전 두 개만을 내놓은 이 여인이 오늘 성전을 찾아 온 모든 부자들보다 더 많은 것을 내놓았다." 예수는 자신을 둘러싼 사람들에게 말했다.

예수는 사람들이 절대 잊지 못할 이야기를 몇 개 해 주었다. 그것들 중 두 가지는 포도원 이야기였다. 하나는 자기의 두 아들을 포도밭에 일하러 보낸 남자의 이야기였다.

"안 할래요." 아들 한 명이 말했지만 후에 미안함을 느끼고 나갔다.

"제가 가겠습니다." 다른 아들은 말했지만 그는 가지 않았다. 자신의 못된 마음에 대해 솔직해지고 용서를 구하는 사람이 자신에 대해 거짓말을 하는 사람보다 더 낫다.

다른 이야기는 어떤 포도원 주인이 먼 나라로 여행 간 동안 몇몇 사람들에게 자기의 포도원을 임대했던 이야기이다. p.189 얼마 후에 주인은 과일을 따 오라고 하인들을 그 남자들에게 보냈다. 하지만 그 남자들은 그 하인들을 때려 죽였다.

'그들이 내 아들을 다치게 하지는 않겠지.' 주인은 이렇게 생각하고 과일을 가져오기 위해 자기 아들을 보냈다.

제사장들과 바리새 인들은 이 비유를 들었을 때 예수가 자기들에 대해 이야기한 것이라는 것을 알았다.

자기들이 더 경건하다고 주장하는 제사장들과 바리새 인들의 사악함을 알았기 때문에 예수는 그날의 가르침을 끝냈다. 예수에게는 그들에게 해 줄 신랄한 말이 있었다.

이론가들에게만큼은 예수는 엄격하고 호되었지만 진정으로 유감스러움을 느끼는 죄인들에게 예수는 용서하고자 하는 사랑의 마음이 가득했다. p.190 예수는 그들에게 거룩한 도시에서 일어날 슬픈 일들과 파괴에 대하여 이야기했다. 그것들은 그들의 경건한 종교에 대해 진실하고 충실한 스승이어야 할 사람들의 죄 때문에 닥칠 것이었다.

"오, 예루살렘이여!" 예수가 사람들에게 외쳤다. "선지자들을 죽이고 그들을 돌로 쳐 죽인 사람들이여! 나는 너희 자녀들을 마치 암탉이 자기 병아리를 품듯 내 날개 아래 모이게 하고 싶지만 너희들은 내가 그리 하지 못하게 할 것이다. 그리하여 너희의 집은 파괴될 것이다! 주님의 이름으로 온 이는 축복을 받았다!"

그리고 예수는 성전을 나가 더는 돌아오지 않았다.

감람산 위에서 보낸 저녁

p.191 예수와 그의 제자들은 성전을 나와 예루살렘을 떠나서 감람산으로 갔다. 대리석과 황금으로 지어진 아름다운 건물들을 뒤돌아보았을 때, 그들은 그 아름다움에 경탄했다.

p.192 "저 성전을 지탱하는 돌멩이 하나도 남지 않게 될 것이다." 예수가 그의 친구들에게 말했다.

그들은 감람산의 산비탈에 앉았고, 그 조용한 시간에 베드로, 야고보, 요한, 안드레는 그들의 사랑하는 스승에게 가까이 다가갔다.

"저희에게 말씀해 주십시오. 이 일들이 언제 일어납니까? 저희가 어떻게 하면 이 세상의 종말이 오고 있다는 것을 알까요?" 예수는 이해하기 힘든 많은 이야기를 해 주었다. 예수는 이스라엘의 슬픔과 언제 그들의 도시가 파괴되고 백성들이 흩어질지에 대해 이야기해 주었다. 예수는 이 시대의 종말과 언제 그들이 하나님께 돌아오게 될지에 대해서도 이야기했다.

"너희들은 하나님이 오시는 때를 지켜보아라." 그리고 예수는 그들에게 충실한 종과 불충한 종에 대한 이야기를 해 주었다. 한 명은 주인이 돌아왔을 때 그의 임무를 다하고 있는 것이 발견되어 주인의 모든 물건들을 관리하는 사람이 되었다. 하지만 그의 임무를 다하지 않았던 다른 한 명은 그의 주인이 오는 것을 보고 놀랐고 쫓겨났다.

p.193 예수는 혼인 잔치에 오는 길에 젊은 신랑을 마중하려고 작은 등을 들고 온 '열 명의 처녀' 이야기를 해 주었다. 그들 중 다섯 명은 그들의 등을 채울 기름을 가져갔고 나머지 다섯 명은 기름을 가져가지 않았다. 그들은 오랫동안 신랑을 기다렸고 모두 잠이 들었다. 한밤중에 외치는 소리가 났다.

"보십시오, 그분이 오십니다! 가서 그분을 맞으세요!"

그러자 그들이 모두 일어나 등을 켰지만 등불 중 다섯 개는 꺼졌다. 기름을 가져오지 않은 어리석은 여인들은 기름을 사러 가야 했다. 그들이 기름을 사러 갔을 때 젊은 신랑이 왔다. 준비되어 있던 여인들이 그와 함께 결혼식에 들어갔고 문은 닫혔다. p.194 나중에 다섯 명의 생각 없는 여인들이 문 앞으로 왔다.

"주인님, 주인님, 저희에게 문을 열어 주세요!" 그들이 외쳤다.

"나는 너희가 들어와서는 안 된다는 것을 안다."라는 것이 대답이었다.

예수의 마지막 이야기는 세상의 종말에 관한 것이었다. 모든 국가의 백성들이 함께 모일 것이고 착한 사람들은 나쁜 사람들과 분리될 것이다.

"내가 굶주릴 때 너희는 내게 고기를 주었다. 내가 목마를 때 너희는 내게 마실 것을 주었다. 내가 나그네일 때 너희는 나를 안으로 들여보내 주었다. 내가 헐벗었을 때 너희는 내게 옷을 입혀 주었다. 내가 병들었을 때 너희는 나를 찾아와 주었다. 내가 감옥에 있을 때 너희는 내게로 왔다." 예수는 자신에게 귀 기울이고 있는 착한 사람들에게 이야기했다.

듣고 있던 사람들은 깜짝 놀랐다.

"주님, 저희가 언제 이런 일들을 했습니까?" 그들이 물었다.

"너희가 내 형제 자매들 중 한 명에게 그렇게 하면 너희는 그 일을 내게 해 준 것이다."

거짓된 자와 악한 이들에게 예수는 이런 이야기를 해 줄 수 없었다.

p.195 "너희가 이웃을 돕지 않을 때 너희는 나를 돕지 않는 것이다." 예수가 그들에게 말했다.

사랑과 봉사의 삶을 사는 사람들은 영생을 선택하는 것이지만 이기적인 삶을 사는 자는 죽음을 선택하는 것이다.

거룩한 만찬

p.196 예수가 제자들과 저녁 식사를 하게 될 유월절 축제까지 이틀이 더 남았다. 예수는 그들이 해야 할 모든 일을 준비하도록 도와주려고 애쓰면서 그들과 함께 시간을 보냈다. 제자들은 어떤 대단한 기적이 어둠 속의 빛처럼 그들 주위에서 행해질 거라고 여전히 믿었다. p.197 그들은 이스라엘의 모든 사람들이 예수가 하나님의 아들이라는 것을 깨닫기를 바랐다.

유다는 예수가 왕이 되어 그의 제자들이 부와 권력을 가지고 영예로워지기를 남몰래 바랐다. 하지만 조금씩 이런 희망이 사라지고 있었고 그의 마음도 조금씩 예수에게서 돌아서고 있었다.

대제사장과 장로들은 의회에서 예수를 모략할 계획을 짜고 있었다. 유다는 남몰래 그들을 만나러 갔다. 유다는 돈을 그 외의 다른 모든 것보다 더 사랑했다.

유다는 성전으로 가서 지도자들 앞으로 데려다 달라고 요구했다.

"내가 예수를 당신들에게 데려오면 당신들은 내게 무엇을 주겠소?" 유다가 그들에게 물었다.

그들은 유다에게 은 서른 조각을 주었다. 유다는 그들에게 언제 어떻게 예수를 찾아야 하는지 말해 주었다.

p.198 축제 첫날인 목요일 아침에 예수는 저녁에 그가 제자들과 저녁 만찬을 열 수 있는 장소를 준비하라며 베드로와 요한을 보냈다. 성전에서 양 한 마리를 죽여 연회 준비를 하고 예수는 열두 제자와 함께 앉았다. 그것은 예수가 고통 받기 전 제자들과 함께 식사하는 마지막 자리였고 그것은 기독교 교회의 첫 번째 성찬이 될 예정이었다.

"나는 내가 고통 받기 전에 이 유월절 만찬을 너희들과 함께 하고 싶었다." 예수가 말했다. 예수 앞에는 빵과 포도주, 물과 약초가 있었던 반면 양고기는 옆에 있는 식탁에 있었다. 축복과 감사의 말을 한 후 예수는 포도주와 물로 잔을 채웠다. 예수는 잔을 축복하고 그것을 제자들에게 전달했다.

예수가 일어나 물통을 채웠다. 예수는 제자들의 발을 닦아 주기 시작했다. 제자들은 누가 예수 옆에 앉을지, 또 예수가 누구를 가장 사랑하는지에 대해 언쟁을 벌여 오고 있었다.

p.199 제자들은 깜짝 놀란 듯 보였다. 그들의 스승이 노예가 할 일을 하고 있어서였다.

"주님, 제 발을 닦고 계신 것입니까?" 베드로가 외쳤다.

"너는 내가 지금 무엇을 하고 있는지 모르지만, 후에 알게 될 것이다." 예수가 대답했다.

"제 발은 절대 닦아 주지 마십시오." 정이 많은 베드로가 말했다.

"내가 네 발을 닦아 주지 않으면 너는 나한테 작별 인사를 할 방법이 없다."

"주님, 제 발뿐만 아니라 제 손과 머리도 닦아 주십시오!"

제자들과 함께 다시 앉았을 때 예수는 제자들에게 그가 그들에게 봉사해 주었듯이 서로에게 봉사하라고 부드럽게 말했다.

"하지만 나를 배신한 자가 이 자리에 앉아 있다." 예수가 말했다. 그러자 제자들은 슬퍼하며 누가 과연 그럴 수 있는지를 자기들끼리 묻기 시작했다. p.200 심지어 예수 가까이에 있던 유다까지도 같은 질문을 했지만 제자들은 예수의 대답을 듣지 못했다. 베드로가 요한에게 예수에게 물어보라고 했다.

"내가 젖은 천을 그 자에게 주겠다." 예수가 요한에게 속삭였고 예수는 그것을 가룟 유다에게 주었다.

"네가 하려고 하는 것을 빨리 하거라." 예수가 유다에게 속삭였다. 유다는 화를 내며 식탁에서 일어나 밤의 어둠 속으로 나갔다. 그의 충실한 친구들과만 오붓하게 예수는 빵을 가져가 축복하고 그것을 쪼개 그들에게 주었다.

"가져가서 먹어라. 이것은 내 몸이다." 예수가 그들에게 말했다. "나를 기억하기 위해 이렇게 하거라." 그리고 예수는 잔을 들었다. "그것을 모두 마셔라. 이것은 신약의 내 피이기 때문이다."

그렇게 예수는 그의 교회의 성찬을 시작했다. 사랑받은 제자 요한은 예수가 성찬 후에 말했던 훌륭하고 귀중한 이야기를 우리를 위해 기록했다. p.201 그 이야기는 그의 자녀들에 대한 아주 깊고 넓은 사랑으로 가득해서 우리는 결코 그 사랑을 측정하기를 바랄 수조차 없다.

제자들을 둘러보다가 예수는 그들의 근심 어린 얼굴을 보았다.

"걱정하지 마라. 너희가 하나님을 믿는다면 나 역시 믿어라. 내 아버지의 집에는 많은 집이 있다. 내가 가서 너희를 위한 집을 준비하겠다." 예수는 그들의 질문에 대답해 주고 진리의 성령이 그들에게 모든 것을 가르쳐 줄 것이며 모든 어두운 것들을 밝게 해 줄 것이라고 그들에게 약속했다. 예수는 또한 그들에게 돌아오겠다고 분명하게 약속했다.

그들은 찬송가를 부른 후 식탁에서 일어났지만, 예수의 마지막 이야기와 그의 기도를 기다렸다. 예수는 그들에게 강해질 것과 포도나무에 달린 가지가 살듯이 그들도 그로부터 살아야 한다고 지시했다. p.202 예수는 진정한 영적인 포도나무였고 그 없이 제자들은 아무것도 할 수가 없었다. 예수는 그들에게 그들을 향한 그의 큰 사랑에 대해 말하고 그들이 그들에게 일어날 모든 고통을 겪으면서 서로 사랑해야 한다고 말했다.

그들은 진리의 성령을 믿어야 했는데, 성령이 모든 일에서 그들을 인도해 줄 것이었다. 성령이 예수가 그들에게 말해 주고 싶었던 것들, 그러나 그들이 아직 견딜 수 없는 일들을 그들에게 가르쳐 줄 것이었다. 그리고 예수는 자신의 이름으로 하나님 아버지한테 구하는 것은 무엇이든 그들에게 주어질 것이라고 약속했다.

그러고 나서 눈을 들어 하늘나라를 올려다보며 예수는 그의 제자들을 위해, 그리고 그를 믿으려고 하는 모든 제자들을 위해 기도했다. 예수는 그가 하나님 아버지와 함께하는 자이듯 그들이 서로 그리고 예수와 함께 하나가 될 것을 부탁했다.

그들이 세상에 있는 악에서 깨끗해진 후 그들은 하늘나라에서 예수와 영원히 함께할 것이다. p.203 기도가 끝난 후 그들은 도시로 나갔고, 기드론 시내를 건넜다. 그들은 예수가 그의 제자들과 함께 종종 앉아 있던 정원으로 들어갔다.

배신의 밤

p.204 "주님, 어디로 가십니까?" 그들이 기드론에 도착했을 때 베드로가 예수에게 물었다.

"내가 어디로 가든 너는 이제 나를 따라올 수 없지만 이후에 너는 나를 따를 것이다."

"주님, 왜 제가 지금은 주님을 따라갈 수 없습니까?" 베드로가 말했다. "저는 주님을 위해 죽을 것입니다."

"수탉이 울기 전에 네가 나를 세 번 부인하리라는 것은 사실이다." 예수가 말했다. p.205 "시몬, 악령이 너를 이용하고 싶어 하지만, 내가 너를 위해 기도했으니 너는 안전하다. 너희 모두가 오늘 밤 나와 함께 분노할 것이다."

예수는 베드로와 야고보, 요한을 데리고 다른 이들로부터 떨어졌다.

"아버지, 제 마음은 슬픔으로 가득합니다." 예수가 하늘에 대고 말했다. 그러자 예수 앞에 하늘나라에서 내려온 천사가 나타나 예수의 마음을 굳세게 만들어 주었다. 그리고 나서 많은 발자국 소리가 들리며 올리브나무 사이로 움직이는 횃불의 불빛이 보였다. 한 무리의 성전의 제사장들과 장로들, 대장들을 이끌고 유다가 예수의 작은 무리 쪽으로 오더니 예수에게 입을 맞추었다.

"유다야, 너는 입맞춤을 하면서 나를 배신하느냐?" 예수가 물었다. "너희는 누구를 찾고 있는가?"

p.206 "나사렛의 예수다." 그들이 대답했다.

"내가 그 사람이오." 베드로가 그의 스승을 지키려고 칼을 뽑아 대제사장의 하인을 찔렀다.

"칼을 치워라." 예수가 베드로에게 말했다.

그러자 그들이 예수를 데려가서 그를 데리고 가기 위해 묶었다. 제자들은 도망쳤다. 하지만 정 많고 사랑받은 제자 요한은 돌아서서 예수를 따라갔다. 베드로도 마찬가지였다.

사람들로부터 경멸 받고 거부당하다

p.207 처음에 예수는 나이 많은 대제사장인 안나스에게 끌려갔고 그는 예수를 가야바에게 보냈다.

요한은 예수와 함께 대제사장의 궁까지 갔지만 베드로는 두려움으로 떨며 문밖에 서 있었다.

p.208 "당신은 그 남자의 제자 중 한 사람이 아니오?" 어떤 여종이 그에게 물었다.

"아니요." 베드로가 말했다.

세 명의 사람들이 그에게 그가 예수와 함께 있던 친구냐고 물었다. 베드로는 부인했다. 그때 베드로는 수탉이 우는 소리를 들었다. 베드로는 예수가 그에게 말했던 것이 문득 기억났다. 베드로는 성전 주위의 군중을 살펴보았다. 베드로는 묶인 채 홀로 대제사장 앞에 있는 예수를 보았다. 그 모습은 베드로의 마음을 찢어 놓았고, 그는 그 장소에서 급히 빠져나와 비통하게 울었다.

예수가 사형을 선고 받은 재판이 있었다. 그들은 예수를 때리고 욕보이고 그에게 고함을 질렀다. 하지만 예수는 말을 하지 않으려고 했다. 예수는 죽임을 당하기 직전의 양 같았다.

"우리에게 진실을 말하라!" 마침내 가야바가 외쳤다. "너는 네가 하나님의 아들이라고 생각하느냐?"

"그렇다. 당신은 하늘의 구름 위에서 내가 하나님의 오른손 옆에 앉아 있는 것을 보게 될 것이다."

p.209 "어떻게 네가 하나님의 아들이라 주장할 수 있느냐?" 대제사장이 충격을 받고 혐오감을 느끼며 말했다. 그리고 그들은 모두 예수에게 사형을 선고했다.

다음날 예수는 빌라도에게로 끌려갔다.

유다는 재판을 지켜보고 있었다.

유다는 그들이 예수를 죽일 것이라고 생각하지는 않았다. 유다는 하나님이 예수를 구해 왕으로 삼으실 거라고 생각했다. 마침내 유다는 예수가 창백한 모습으로 고통 받으며 묶인 채 오는 것을 보았고 사람들이 "죽여라! 죽여라!"라고 외치는 소리를 들었다. 유다는 겁을 먹었다. 유다는 자신을 도와줄 친구가 한 명도 없었다. 유다는 성전으로 달려가 몇몇 제사장들을 찾아서 자신에게 준 돈을 도로 가져가라고 애원했다.

p.210 "우리는 네가 네 돈으로 무엇을 하든지 상관하지 않는다." 그들이 그에게 말했다.

그러자 유다는 은 서른 조각을 바닥에 던져 버리고 그곳에서 도망쳐 나왔다. 나중에 유다는 도시 밖에서 발견되었는데, 그곳에서 그는 스스로 목을 매었다.

빌라도의 법정에 선 하늘나라의 왕

p.211 로마의 총독이었던 빌라도는 브라이도리온이라고 하는 근사한 궁에 있었다. 그곳 옆에 재판소가 있었는데, 그 재판소에서는 총독한테 올라온 사건들이 판결되었다.

p.212 성전의 아침 햇살은 아름다워 보였지만, 예수의 친구들의 머리 위에는 깊은 그림자가 있었다. 그들의 주인이 로마 군인들에게 예루살렘의 길거리를 끌려 다니고 있었다. 예수의 어머니와 예수를 믿는 여인들이 그 도시에 있다가 예수를 보았다. 예수는 창백하고 쇠약해 보였다. 제사장들은 유월절 기간 중에 재판소 안에 들어가려고 하지 않았다.

빌라도가 밖으로 나와 상아색 재판석에 앉았다. 빌라도는 보라색과 흰색으로 된 옷을 차려입은 엄격하고 자부심이 강한 사람이었다.

"너희는 왜 이 남자가 죽기를 원하는가?" 빌라도가 예수의 결백한 얼굴을 바라보며 물었다.

"그가 결백하다면 우리가 그를 여기까지 데려오지 않았을 것입니다."

"너희는 너희의 법에 따라 그를 심판할 수 있다."

그들은 로마 인들이 통치자이기 때문에 그들이 어떤 사람을 사형에 처하는 것은 합법적이지 않다고 대답했다. p.213 빌라도는 예수가 죽임을 당하는 것을 바라지 않았다. 빌라도는 예수의 기적들에 대해 들었고 그의 아내는 예수를 믿었다. 빌라도는 일어나 재판소 안으로 들어가 군인들에게 예수를 자신에게 데려오라고 명령했다.

"그대가 유대 인의 왕인가?" 빌라도가 예수에게 물었다.

"나의 왕국은 이 세상의 것이 아니오." 예수가 말했다.

"그럼 그대가 정말로 왕인가?" 빌라도가 물었다.

"당신이 내가 왕이라고 말하고 있소. 나는 이 세상에 진리를 가져오려고 태어났소. 진리를 아는 모든 자는 내 말을 듣소."

"진리는 무엇인가?" 빌라도가 물었다. 빌라도는 밖에 있는 사람들을 바라보았다. 제사장들은 이 자가 갈릴리에서부터 예루살렘에 이르기까지 사람들이 그들의 지도자들에게 반역하도록 하는 원인을 일으키고 있다고 말했다.

p.214 빌라도는 예수가 갈릴리 사람이라는 것을 듣자 그를 그 지방을 다스리는 헤롯 안디바의 궁으로 보냈다. 헤롯은 그때 예루살렘에 머무는 중이었다. 후에 예수는 가시관을 머리에 쓰고 빛바랜 보라색 긴 옷을 입은 모습으로 빌라도에게 돌려보내졌다.

로마 군인들은 예수를 왕이라고 부르는 것이 우습다고 생각했다. 그래서 그들은 예수를 가짜 왕처럼 옷을 입혀서 그를 때리고 그가 길을 걸어서 지나가게 했다. 빌라도는 한 번 더 예수를 풀어 주려는 노력을 했다. 그는 예수에게 다시 질문을 했고 유대 인들의 불평을 들었지만 예수는 자신을 변호하려고 하지 않았다.

"사람들이 그대에 대해 뭐라고 말하고 있는지 들리는가?" 빌라도가 말했다. "무슨 말이든 해 보는 것이 어떤가?"

그때 빌라도는 예수의 원수들을 만족시키기 위해서 그를 때린 다음 보내주면 되겠다고 생각했다.

"너희가 이 자를 나에게 데리고 왔다." 그는 제사장들에게 말했다. "하지만 나는 이 자에게서 아무런 잘못도 발견하지 못했다. p.215 나는 이 자를 풀어 주겠다."

"십자가에 못 박으시오!" 밖에 있던 사람들이 외쳤다. "십자가에 못 박으시오!"

빌라도의 부인으로부터 그에게 전갈이 보내졌다.

"그 사람은 착해요." 그녀는 말했다. "그 사람 때문에 저는 꿈에서 고통받고 있어요."

"내가 예수를 어떻게 해야 하겠소?" 빌라도는 사람들에게 물었다.

"그를 십자가에 못 박으시오!" 사람들이 외쳤다.

"아니, 그가 어떤 악한 일을 했다는 말이오?" 빌라도가 물었지만 사람들의 외침이 너무 커서 그는 더 이상 그것을 견디지 못했다. 빌라도는 손을 씻었다.

"나는 이 자가 흘리는 피에 대해 죄가 없다."

"예수의 피는 우리와 우리 자손들의 책임이다." 사람들이 말했다.

그리하여 빌라도는 예수를 십자가에 못 박으라고 명했다.

사랑과 죽음

p.216 예수는 그의 일생 동안 악에 맞서고 악을 정복해 오고 있었다. 예수는 고통스럽고 수치스러운 죽음을 택해서 가난한 자, 유혹 받은 자, 고통 받고 죽어가는 자들의 형제가 될 수 있었다. 예수는 사람들을 그들 자신의 악으로부터 구원해 주기 위해 죽었다. 예수는 모두에게 영생을 주기 위해 죽었다. 하지만 사람들은 예수가 그들을 위해 죽었다는 것을 알 수 없었다.

p.217 자신의 십자가를 지고서 예수는 얌전하게 죽음을 향해 앞으로 나아갔다. 예수가 무거운 십자가 아래 넘어지면 로마 군인들은 지나가는 낯선 사람에게 강제로 십자가를 나르도록 시켰다. 길을 가는 내내 여자들은 예수가 지나갈 때 연민으로 흐느껴 울었고, 많은 사람들의 마음속에는 슬픔이 일었다. 많은 사람들이 예수가 로마 인들로부터 그들 민족을 구할 것이라고 생각했다.

그런데 열한 명의 제자들, 그들은 어디에 있었을까? 그들은 어딘가에서 깊은 슬픔에 잠겨 있었다. 오직 한 명, 사랑받은 제자 요한만이 그의 스승을 따라 죽음까지 쫓아갔다. 고통스러워하는 예수의 어머니와 신앙심 깊은 여자 제자들과 함께 요한은 그의 주님의 곁을 지켰다. 그들이 예수의 몸을 십자가에 올렸을 때 그들은 예수가 기도하는 소리를 들었다.

"아버지, 저들을 용서하소서. 그들은 자기들이 무슨 짓을 하는지 모르니까요!" 예수가 외쳤다.

p.218 두 명의 강도가 예수와 함께 그의 오른쪽과 왼쪽에서 십자가에 못 박혔다. 한 명이 예수에게 자신을 구해 달라고 간청했지만 예수가 그렇게 하지 않았기 때문에 그를 미워했다.

"주님, 주님께서 당신의 왕국에 가시면 저를 기억해 주십시오." 다른 강도는 말했다.

"너는 나와 함께 천국에 있게 될 것이다." 예수가 그에게 대답했다.

예수는 그의 어머니가 사랑하는 제자 요한과 그의 친구였던 신앙심 깊은 여인들과 함께 십자가 옆에 서 있는 것을 보았다.

"여인이여, 요한이 이제 당신의 아들입니다!" 예수가 그들에게 말했다. "요한! 마리아가 이제 너의 어머니이시다!" 그리고 그 시간부터 마리아의 여생 동안 사랑하고 보살펴 주려고 요한은 마리아를 자신의 집으로 데리고 갔다.

어둠이 하늘을 덮었다. 예수는 자신이 사람들을 위해 했던 일에 대해 생각했다. 예수는 땅을 내려다보았다.

"끝났습니다! 아버지, 제 영혼을 당신의 손 안에 거두소서." p.219 예수는 영생으로 이르는 길을 열었다.

사랑과 생명

p.220 예수의 제자였으나 겁 없는 사람이었던 요셉이라는 착한 아리마대 사람이 있었다. 요셉은 열두 제자들과 같이 예수를 따르지는 않았지만 예수를 사랑했다. 요셉은 빌라도에게 자기가 예수의 시신을 가져가게 허락해 달라고 간청했다.

이 시신을 빌라도는 그에게 주었고 요셉은 도와줄 사람들을 데리고 와 십자가에서 시신을 거두어 자신의 집 정원으로 조심스럽게 가져왔다. p.221 바위로 만들어진 새 무덤이 있었다. 니고데모와 요셉은 예수의 시신을 닦고 이 무덤에 묻었다.

요한은 예수의 어머니가 쉬도록 집으로 데려갔다. 요한의 어머니 살로메와 마리아, 야고보의 어머니, 그리고 막달라 마리아는 예수의 매장을 지켜보았다. 거기에는 또한 다른 여인들도 있었는데 그들은 십자가형을 당한 예수의 시신을 지키는 것을 도왔다. 금요일 밤에 그들은 향료와 몰약을 준비했고 안식일에는 휴식을 취했다.

하지만 로마 군인들이 와서 밤낮으로 그 무덤을 지켰다. 그날은 한 주의 첫날이었고(현재는 기독교의 주일이 되었다) 매우 이른 아침이었다. 거리는 고요했고 해는 이제 막 떠오르기 시작하고 있었다.

p.222 막달라 마리아가 향료를 가지고 도시에서 달려 나와 정원에 있는 예수의 무덤으로 갔다. 막달라 마리가가 그곳에서 도착했을 때 그녀는

그곳에서 경비원을 한 명도 보지 못했다. 무거운 돌이 무덤 입구에서 굴러 나와 치워져 있었다. 막달라 마리아는 몹시 두려워져서 베드로와 요한을 찾으러 달려갔다.

"그들이 주님을 무덤에서 모시고 갔어요." 그녀가 말했다. "우리는 그들이 주님을 어디에 모셔 놓았는지 몰라요."

그러자 베드로와 요한이 달려갔다. 요한이 처음 무덤에 도착한 자였다. 다른 여인들 또한 일찍 무덤으로 갔다. 그들은 돌이 문을 지나 굴려져 있는 것을 발견했다. 그들은 무덤으로 들어가서 흰 옷을 입은 천사를 보고 두려워했다.

"너희들은 십자가에 못 박히신 나사렛의 예수를 찾는구나." 천사가 말했다. "그분은 죽음에서 일어나셨다. 그분은 여기에 안 계신다. 그분의 제자들에게 그분이 갈릴리로 가셨다고 전해라. 그곳에서 너희들은 그분을 뵐 것이다."

p.223 예수는 베드로에게 특별한 전갈을 남겨 놓았다. 두 명의 천사가 있었다. 한 명은 예수의 머리가 있던 곳에 서 있었고 다른 한 명은 예수의 발이 있던 곳에 서 있었다.

베드로와 요한은 예수의 몸에 둘렸던 아마 천이 조심스럽게 옆에 놓여 있는 것을 발견했다. 그들은 예수가 죽은 자들로부터 일어섰다는 것을 믿었다.

막달라 마리아는 무엇인가 예수에 대한 것을 더 알게 될 때까지 그 텅 빈 무덤을 떠날 수가 없었다. 흐느껴 울면서 막달라 마리아는 동굴 무덤의 낮은 문가에 서 있었다. 막달라 마리아는 다시 안을 들여다보았고 다른 여인들이 본 천사들의 환영을 보았다.

"너는 왜 울고 있느냐?" 천사들이 물었다.

"저들이 저의 주님을 모셔 갔는데, 저는 그들이 어디로 주님을 모셔 갔는지 알 수 없으니까요." 정원으로 나가려고 돌아섰을 때 막달라 마리아는 한 천사가 그곳에 서 있는 것을 보았다.

p.224 "여인이여, 왜 울고 있는가? 누구를 찾고 있는가?"

눈물 사이로 바라보았을 때 막달라 마리아는 그 사람이 정원을 지키는 남자일 것이라고 생각했다.

"나리, 나리께서 주님을 무덤에서 꺼내 가셨다면 그분이 어디에 계시는지 제게 알려주세요. 그러면 제가 그분을 모셔 가겠습니다."

"마리아!"

그것은 예수의 목소리였다. 막달라 마리아는 예수의 발을 끌어안고 울기 시작했다.

"다른 이들에게 내가 내 아버지와 그들의 아버지에게로 올라갈 것이라고 전해라. 두려워하지 마라." 예수가 말했다. "가서 내 형제들에게 갈릴리로 가라고 전해라. 그러면 그곳에서 그들은 나를 만나게 될 것이다."

여인들이 죽은 스승을 위해 애도하려고 함께 온 사도들에게 이 모든 일들을 이야기해 주었을 때 사도들은 믿을 수가 없었다. 그러나 그것은 첫 번째 부활절이었다. 이 비밀을 알고 있는 여인들은 축복 받았음을 느꼈다.

부활절 저녁

p.225 두 명의 제자가 예루살렘에서 8마일 정도 떨어진 그들의 고향 엠마오로 갔을 때는 그날 오후였다. 그들은 막달라 마리아와 베드로와 요한의 이야기를 듣고 무엇을 믿어야 할지 몰랐다.

p.226 글로바와 그의 동료가 언덕 너머 서쪽으로 갔을 때 그들은 고개를 숙이고 슬픈 마음으로 이 모든 신기한 일들에 대해 이야기를 나누었다. 예수는 죽었다. 어떻게 그 여인들의 말을 믿을 수 있을까?

그들은 자신들과 같은 길을 따라오고 있는 기품 있어 보이는 젊은 이방인을 보았다. 그 이방인은 그들에게 인사를 건넸다.

"무슨 일을 이야기하고 있기에 그렇게 슬픈 표정을 짓게 만드는 것이오?" 그가 그들에게 물었다.

"당신은 예루살렘에 이제 막 왔소?" 글로바가 말했다. "당신은 이곳에서 무슨 일이 일어났는지 모른다는 말이오?"

"무슨 일이 있었소?" 이방인이 물었다.

"사흘 전에 제사장들이 나사렛의 예수라고 불리는 훌륭한 분을 죽였소. 우리는 그분이 우리를 구원해 주실 것이라고 생각했소."

글로바는 또한 그날 아침 천사들의 계시에 대해 말하며 무덤에서 나온 여인들의 이야기도 해 주었다.

p.227 그러자 그 이방인은 그들에게 지혜와 사랑이 가득한 말로 많은 일들에 대해 이야기하기 시작했다. 그는 그들에게 예수가 사람들을 구원하기 위해 이 고통들을 겪어야 했다고 말했다. 사람들의 믿음은 어디에 있을

까?

그들은 그들이 사는 마을에 도착했고 그 이방인은 떠나려고 했다. 그들은 그에게 그들 중 한 사람의 집인 근처의 나지막하고 하얀 집으로 같이 가자고 청했다. 그리고 그는 그들과 같이 가서 그들의 저녁 식사 자리에 그들과 함께 앉았다.

그런 다음 또 다른 신기하고 아름다운 환영이 첫 번째 부활절 해질 무렵 나타났다. 그 이방인은 빵을 가져가 축복하고 그것을 쪼개었다. 이방인이 그 빵을 각각의 제자들에게 건넸을 때 그들의 눈은 뜨였고 예수를 알아보았다. 그것은 예수였다! 하지만 잠시 후 예수는 그들의 시야에서 사라졌고 그들은 다만 경탄하고 믿을 수 있을 뿐이었다.

p.228 그들은 서둘러 예루살렘으로 돌아가 제자들이 모여 있는 친구의 집으로 갔다. 그곳에서 그들은 간절한 제자들에게 이방인의 이야기를 해 주었고 주님이 베드로에게도 나타났음을 알게 되었다.

기쁨과 경이를 느끼는 중에 그들은 갑자기 예수가 그곳에 서 있는 것을 보았다.

"너희에게 평화가 있기를!" 그는 그들에게 그의 손을 보여 주었다. 못으로 인한 상처가 여전히 그곳에 있었다. 그는 자신의 옆구리를 보여 주었다. 그는 로마 군인들에게 창으로 그곳을 찔린 바 있었다.

그러자 제자들은 그가 그들이 사랑하고 따랐던 주님이자 스승이라는 것을 확신했다. 예수는 그들에게 자신을 만져 보라고 했다. 예수는 그들의 식사를 함께 하자고 청하고 구운 생선과 벌집을 먹었다. 이후 예수는 제자들과 다정하게 이야기를 나누었다. 예수는 그들에게 앞으로 그들이 해야 할 일을 말해 주었고 그렇게 첫 번째 부활절이 끝났다.

제자들과 함께 보낸 예수의 마지막 날들

p.229 부활절 저녁, 예수의 친구들이 모였을 때, 열한 명 중 한 명이 그 자리에 없었다. 그곳에는 제자들 외에 다른 사람들도 있었다. 그 중에는 글로바와 그의 동료, 그리고 아마도 베다니의 마리아, 마르다, 나사로뿐만 아니라 갈릴리의 여인들도 있었을 것이다. p.230 도마가 그곳에 없었다. 그는 예수가 다시 살아났다는 것을 믿지 못했다.

"내가 그분의 손과 옆구리에 난 상처를 만져 볼 수 있기 전까지 나는 믿지 않을 거야."

일주일이 지나 제자들이 다시 모였을 때 도마도 그들과 함께 있었다. 문은 전처럼 닫혀 있고 군인들이 경비를 서고 있었다.

예수가 갑자기 나타났다.

"내 손을 만지고 옆구리를 만져 보아라." 예수가 도마에게 말했다. "나를 믿어라." 도마는 기다릴 새도 없이 주님을 만져 보았다.

"나의 주님이자 나의 하나님이시여!" 도마가 외쳤다.

이 일이 있은 후 얼마 되지 않아 사도들은 갈릴리로 갔는데, 이는 예수가 그들에게 그렇게 하라고 시켰기 때문이었다. 그곳 호숫가에서 그들은 예수를 기다렸다. 베드로, 야고보, 요한이 도마, 나다나엘, 그리고 다른 두 명의 제자들과 함께 그곳에 있었다.

p.231 "나는 낚시를 하러 가겠어." 베드로가 말했다.

"우리도 같이 가." 다른 제자들이 말했다. 그들은 밤낚시를 하려고 그물을 가지고 호수로 나갔으나 아무것도 잡지 못했다. 아침에 제자들은 호숫가에서 누군가가 기다리고 있는 것을 보았다.

"얘들아, 무엇을 좀 잡았느냐?"

"아니요."

"그물을 배의 오른쪽으로 던져라. 그러면 찾게 될 것이다." 그들은 이렇게 했고, 그러자 그물이 물고기들 때문에 너무 무거워져서 배 안으로 끌어 올릴 수가 없었다.

"주님이시다!" 요한이 외쳤다.

베드로는 대답을 기다리지 않았다. 베드로는 호수에 몸을 던져 호숫가에 있는 그의 스승을 향해 헤엄쳤다. 다른 이들은 배를 탄 채 그물을 끌면서 따라왔다.

"너희가 지금 잡은 고기를 가져오거라." 예수가 말했다. p.232 그러자 베드로가 153마리의 물고기로 가득 채워진 그물을 들어 올렸다. 제자들은 기쁨과 경이로움으로 인해 아무 말이 없었다.

"와서 먹자." 예수가 그들에게 말했다. 예수는 제자들과 세 번째로 함께 식사했다. 사랑하는 제자 요한이 그곳에 있었다.

그들은 먹으면서 이야기를 했고 베드로는 예수가 그가 사도가 되어 모든 사람들에게 천국의 복음을 가르칠 거라고 믿는다는 것을 알았다. 하지만 베드로는 사랑과 믿음을 가져야만 했다.

"네가 젊을 때는 네 스스로 방향을 잡고 네가 가고 싶은 곳으로 어디든 가겠지만 네가 나이 들면 누군가가 너를 데려가고 네가 가고 싶어 하지 않는 곳으로 이끌 것이다." 예수가 그에게 말했다.

후에 베드로는 그의 주님이 그랬듯이 십자가에 못 박혔고 그러고 나서 요한은 예수가 그에게 했던 말을 기억했다. 그런 다음 예수는 베드로와 요한에게 자신을 따르라고 했다.

"예수, 하늘나라로 올라가다"

p.233 한 번 더 예수는 자신을 따르는 작은 무리의 사람들을 만났다. 예수는 그들에게 자신의 메시지를 세상 사람들에게 전하라고 했다.

"가서 모든 백성과 민족들에게 나에 대해 가르쳐라." 예수가 그들에게 말했다. "그들에게 세례를 주고 그들을 내게로 데려오거라. p.234 나는 항상 너희와 함께 있을 것이다."

제자들이 예수가 그들에게 가서 성령이 오기를 기다리라고 말했던 예루살렘에 다시 있게 된 것은 예수의 사후 약 6주 후였다. 예수는 제자들을 감람산 너머의 베다니까지 안내해 주었다.

제자들이 베다니 너머의 언덕을 오를 때 예수는 그가 십자가에 못 박히기 전에 있었던 모든 장소들을 볼 수 있었다.

예수는 그 작은 무리를 떠날 참이었다.

"주님, 언젠가 이스라엘로 돌아오실 겁니까?" 그들이 물었다.

"그때와 시기를 아는 것은 너희가 아니다. 하지만 너희는 나를 예루살렘과 온 유대 지역, 사마리아, 그리고 이 세상 모든 곳에서 두루 보게 될 것이다."

그런 다음 예수는 제자들을 축복해 주었고, 제자들이 바라보는 동안 예수는 그들 위쪽에 떠 있는 구름 위로 들어 올려졌다.

p.235 제자들이 혹여 예수를 다시 볼까 기대하며 하늘 쪽을 여전히 올려다보고 있는 동안 흰 옷을 입은 사람 두 명이 그들 옆에 섰다.

"갈릴리의 사람들아, 왜 하늘을 쳐다보고 있느냐? 바로 이 예수가 다시 돌아올 것이다."

그러고 나서 제자들은 하나님께 예배드리고 이스라엘로 돌아와 그들이 보았던 것을 사람들과 공유했다.

하나님 아버지의 약속

p.236 예수의 제자들은 성령이 오기를 기도하며 그동안 기다렸다.

베드로는 다른 이들을 돕기 위해 많은 일을 했다. 베드로의 믿음은 더 강해지고 그는 더 이상 두려워하지 않게 되었다. 예수를 믿었던 많은 사람들이 작은 모임에 합류했다. 그들의 모임 중 한 번은 모인 사람의 수가 120명이었다. p.237 예수의 어머니도 그들 중 한 명이었다. 이 모임에서 베드로는 유다의 자리를 대신할 다른 제자 한 명을 선택해야 한다고 말했다. 사람들은 맛디아를 뽑았다.

사람들은 공공연히 기도하기 시작했다. 그들은 더 이상 제사장들을 두려워하지 않았다. 왜냐하면 제사장들이 두려워했기 때문이다. 지진이 일어났고, 어떤 사람은 성전의 천을 찢었다.

유월절이 지나고 50일 동안 사람들은 다 함께 기도했다. 갑자기 하늘에서 강한 바람이 몰려오는 듯한 소리가 들렸다. 사람들은 또한 혀처럼 보이는 불길을 보았다.

그러자 적막이 깨지고 사람들이 모두 다른 언어로 하나님을 찬양하기 시작했다. 갑자기 성령이 그들에게 모두 다른 언어로 말할 수 있는 능력을 준 것이다.

p.238 외국에 있다가 갈릴리로 온 선한 유대 인들이 몇 명 참석하고 있었다. 그들은 이 새로운 기독교인들이 그들의 언어로 말하는 것을 들었을 때 충격을 받았다. 어떻게 이 가난한 사람들이 그들의 언어를 배울 수 있었다는 말인가?

그때 성령의 힘으로 강해진 베드로가 일어나 사람들에게 말했다.

"여러분의 딸과 아들들은 아주 멋진 꿈을 꿀 것입니다. 그리고 누구든 주님께 구원을 청하는 자는 구원 받을 것입니다."

베드로는 또한 예수의 원수들에게도 이야기를 했다. 베드로는 그들에게 그들이 죽이고 미워한 사람이 하나님의 아들이라고 말했다. 베드로는 그들에게 용서를 구하라고 말했다.

베드로의 말에는 성령의 힘이 들어 있어서 그는 많은 사람들의 마음을 바꾸었다.

p.239 "형제들이여, 우리가 무엇을 해야 하겠소?" 그들이 서로에게 물었다.

베드로는 그들에게 용서를 구하고 기독교인이 되라고 용기를 북돋우었다. 그들은 영생을 누리게 될 것이었다. 또한 그 약속은 그들의 자녀와 그 자녀의 자녀들에게까지 주어질 것이었다.

  그날은 예수 그리스도의 교회, 그리고 이 세상의 예수의 왕국을 위해 멋진 하루가 되었다. 왜냐하면 그날 세례를 받은 자가 약 3,000명이나 되었기 때문이다.

  그리고 믿음이 있는 사람 모두가 구세주 예수의 사랑으로 함께 인도를 받았다. 그들은 더 이상 자신들만을 위해 살지 않고 서로를 위해 살았다. 그들 사이에는 더 이상 부자도 가난한 자도 없었다. 믿음이 있는 사람들은 그들의 재산을 팔아 그들의 돈을 함께 나누어 가졌다. 성전에서 그들은 함께 먹었다. 그들은 핍박과 시험을 거치는 동안 서로를 위로했다. p.240 그리고 그들은 그들을 구원해 주고 영생을 준 큰형을 섬겼다.